KB264458

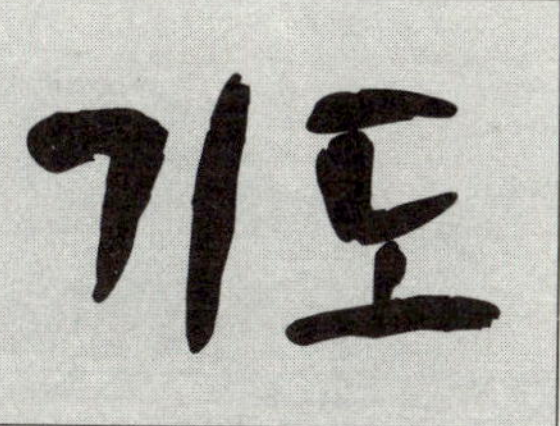

# 하나님을 감동시킨 사람들의 기도

이동원 목사 지음

나침반 출판사

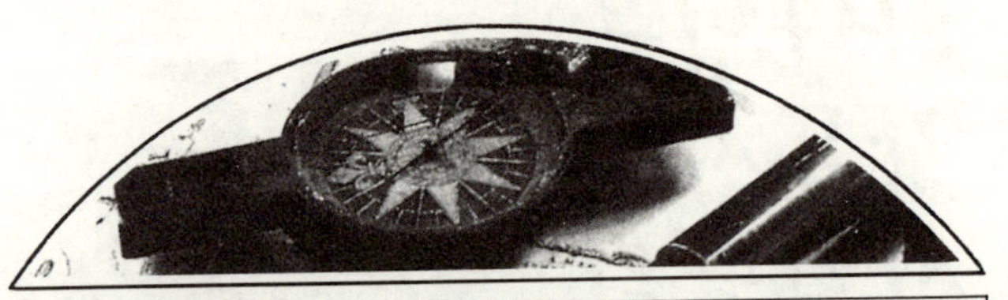
MEMBER OF THE
EVANGELICAL CHRISTIAN PUBLISHERS ASSOCIATION
● 본사는 세계적으로 권위있는 출판사들의 모임인 「국제 기독교 복음주의 출판인 협회」의 회원사입니다.

종합선교 – 나침반 출판사 / 그리스도인들의 성장을 돕습니다.

1110 – 6116 서울·광화문 우체국 사서함 1641호 ☎(02)2279-6321~3/주문처(02)2606-6012~4

# COMPASS HOUSE PUBLISHERS

**A DIVISION OF NACHIMVAN (=COMPASS) MINISTRIES
KWANGHWAMOON P. O. BOX 1641, SEOUL 110-616, KOREA**

# 하나님을 감동시킨 사람들의 기도

기도는 무한 무변한 영의 대양이요
인간 정신이 찾아 헤매인 가장 깊은 처녀림
그 누구도 기도의 전문가를 자처할 수 없기에
깊은 외경으로 무릎 꿇을 수밖에 없는 겸허함으로
기도의 순례의 여로를 찾아 나서고자 했습니다.

내 안에 있는 목마름 때문이었고
내 안에 있는 안타까운 열망 때문이었습니다.

그 최선의 탐구의 장은 성경이라고 믿었기에
성경의 사람들 - 그들의 기도를 주목했고
하나님을 감동시켜 보좌를 움직인
그들의 기도에서 기도의 참된 패턴을 찾아
기도의 숨결과 기도의 무릎을 함께 배우고자 했습니다.

입문자들에게 기도의 안내를
깊은 구도자들에게 기도의 모험을 드립니다.

기도의 순례자들이 그룹으로 모여
먼저 기도의 본문을 읽고
본문 강해를 읽은 다음
창조적 기도생활을 위한 토의와 훈련을 나눌 수 있다면
이 땅에서의 기도의 부흥은 더욱 뜨거운 불꽃이 될 것입니다.

주후 1998년 새해을 맞이하며
기도의 동역자된

이동원

# 하나님을 감동시킨 사람들의 기도

## · 차례 ·

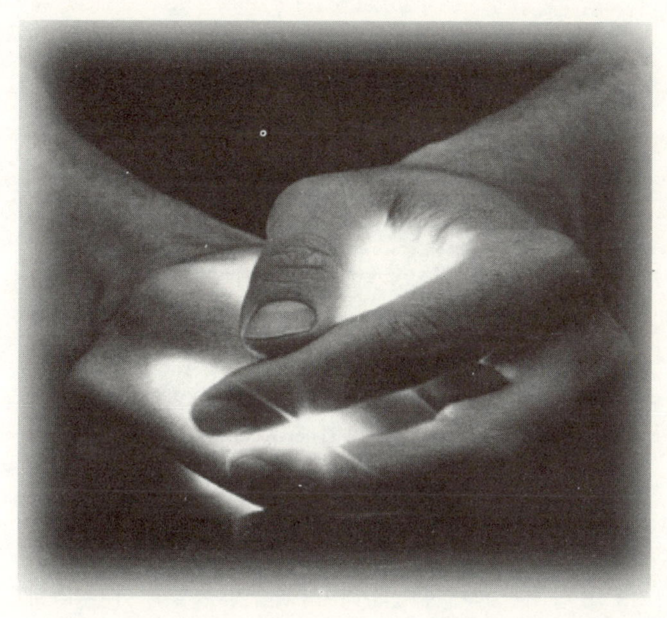

# 1

# 아브라함의 기도

※ ※ ※

## 창세기 18장 22~33절

"그 사람들이 거기서 떠나 소돔으로 향하여 가고 아브라함은 여호와 앞에 그대로 섰더니 가까이 나아가 가로되 주께서 의인을 악인과 함께 멸하시려나이까 그 성 중에 의인 오십이 있을지라도 주께서 그곳을 멸하시고 그 오십 의인을 위하여 용서치 아니하시리이까 주께서 이같이 하사 의인을 악인과 함께 죽이심은 불가하오며 의인과 악인을 균등히 하심도 불가하니이다 세상을 심판하시는 이가 공의를 행하실 것이 아니니이까 여호와께서 가라사대 내가 만일 소돔 성 중에서 의인 오십을 찾으면 그들을 위하여 온 지경을 용서하리라 아브라함이 말씀하여 가로되 티끌과 같은 나라도 감히 주께 고하나이다 오십 의인 중에 오인이 부족할 것이면 그 오인 부족함을 인하여 온 성을 멸하시리이까 가라사대 내가 거기서 사십오인을 찾으면 멸하지 아니하리라 아브라함이 또 고하여 가로되 거기서 사십인을 찾으시면 어찌하시려나이까 가라사대 사십인을 인하여 멸하지 아니하리라 아브라함이 가로되 내 주여 노하지 마옵시고 말씀하게 하옵소서 거기서 삼십인을 찾으시면 어찌하시려나이까 가라사대 내가 거기서 삼십인을 찾으면 멸하지 아니하리라 아브라함이 또 가로되 내가 감히 내 주께 고하나이다 거기서 이십인을 찾으시면 어찌하시려나이까 가라사대 내가 이십인을 인하여 멸하지 아니하리라 아브라함이 또 가로되 주는 노하지 마옵소서 내가 이번만 더 말씀하리이다 거기서 십인을 찾으시면 어찌하시려나이까 가라사대 내가 십인을 인하여도 멸하지 아니하리라 여호와께서 아브라함과 말씀을 마치시고 즉시 가시니 아브라함도 자기 곳으로 돌아갔더라."

※ ※ ※

**어느** 교회 청년회원들이 기도 모임을 갖게 되었습니다. 우선 청년회를 지도하시는 전도사님이 "그 동안 우리들의 기도는 너무나 이기적 관심에 매여 있었던 것 같습니다. 앞으로 우리들은 기도할 때 자신들만을 위해서 기도하지 말고 자신의 영역을 넘어서서 기도하기를 힘써야겠습니다. 예컨대 부모님을 위해서도 기도하시고 나라의 지도자를 위해서도 기도하시고 국가와 민족을 위해서도 기도하십시다"라고 말씀한 후 각자의 기도가 시작되었습니다.

죽 차례대로 기도하는데 어떤 자매 차례가 되었습니다. 이 자매는 이렇게 기도했다고 합니다.
"하나님, 그 동안 저는 너무나 자신만을 위해서 기도해 왔습니다. 용서해 주옵소서. 오늘은 저의 부모님을 위해서 기도합니다. 제 부모님에게는 무엇보다도 좋은 사위가 필요합니다. 좋은 사위를 맞이하여 그들의 딸이 행복한 것을 보게 하옵소서."
이 에피소드는 우리의 기도가 이기적 영역을 넘어선다는 것이 얼마나 어려운가를 풍자해 주고 있습니다.

하나님의 백성들이 드릴 수 있는 여러 유형의 기도 가운데 가장 비이기적인 기도가 있다면, 가장 순결한 기도가 있다면 그것은 중보기도라고 할 수 있습니다. 이웃들을 위해서 드리는 기도인 중보기도, 이것은 가장 고상한 기도 형태라고 할 수 있습니다.

본문에는 믿음의 조상이었던 아브라함의 중보기도가 기록되어 있습니다. 자신의 이웃, 넓게 말해서 조국 땅의 일부인 소돔과 고모라의 도시민들에게 임박한 멸망을 바라보며 아브라함은 아픈 마음으로 주 앞에 엎드려 그들을 위해서 기도합니다.

본래 아브라함은 자기 조카 롯과 더불어 가나안 땅에 들어왔을 때 땅을 분할했습니다. 그때 아브라함은 조카 롯에게 우선권을 주지 않았습니까?
"네가 좌(左)하면 나는 우(右)하고 네가 우하면 나는 좌하리라"(창 13:9).
롯이 가만히 보니까 소돔과 고모라 땅이 비옥했습니다. 그래서 그 땅을 선택했습니다. 아브라함인들 괘씸한 생각이 안 들었겠습니까? 그럼에도 불구하고 아브라함에게 롯은 포기할 수 없는 이웃, 사랑해야 할 친척이었습니다.
그래서 롯이 살고 있는 도시가 죄악이 중하여 하나님의 심판을 피할 수 없게 되었다는 메시지를 접했을 때 아브라함은 "하나님, 물러설 수 없습니다"라는 각오로 주님 앞에 엎드려 중보기도를 드립니다.

저는 최근에 우리 민족이, 우리 역사가 최대 위기를 맞고 있지 않은가 생각합니다. 우리 북녘 땅에 사는 동포들에게는 일주일에 겨우 한 끼를 먹을 수 있는 그런 비참한 상황이 계속되고 있습니다. 남쪽 사람들은 지금까지 쌓아 올렸던 경제적 사회적 번영이 어쩌면 일시에 무너질 수도 있는 위기 앞에 서 있습니다.

이러한 현실에 직면하면서 이 나라의 정치 지도자들을 비판하는 소리는 매우 높습니다. 그러나 이 나라를 위해서 기도하고 있는 사람들은 그렇게 많아 보이지 않습니다. 이것이 안타까운 일입니다.

오늘 우리는 아브라함 앞에 와서 그의 기도를 배울 필요가 있다고 생각합니다. 이 암울한 시대, 이 고통의 시대를 맞이해서 우리는 어떻게 기도하면 좋을까요?

## 중보기도의 자세

이런 시대에 주 앞에 나아가는 우리들의 마땅한 기도 자세는 무엇일까요? 우리는 그 대답을 27절에서 발견할 수 있습니다.
"아브라함이 말씀하여 가로되 티끌과 같은 나라도 감히 주께 고하나이다."
참된 기도는 내가 누구인가 하는 인식에서부터 출발합니다. 인간에게 "나는 무엇인가?" 하는 질문보다 더 중요한 질문이 어디 있겠습니까?

어떤 중학생이 철들기 시작하면서부터 "나는 정말 무엇일까?"라는 고민을 하게 되었습니다. 어느 날 교실에서 선생님에게 물었답니다.
"선생님, 나는 정말 무엇입니까?"

이 정도의 심각한 질문이면 선생님도 심각한 대답을 해주어야 하지 않겠습니까? 그런데 이 선생님은 "너 이놈 이리 나와" 하고 군밤을 주더니 "나란 무엇이냐고? 아직도 그걸 몰라? 나는 1인칭대명사다"라고 하더랍니다.

본문에 나타난 아브라함의 고백을 보십시오.
"티끌과 같은 나라도."
이것이 아브라함의 자기 인식입니다. 원문에서 읽어 보면 티끌이란 단어는 "먼지"를 말합니다.
"먼지와 같은 나라도."
우리의 원재료가 먼지라는 사실을 아십니까? 우리는 흙에서 취함을 입었습니다. 그리고 어느 날 우리는 다시 그 흙으로, 먼지로 돌아갑니다. 지금은 폼잡고 살고 있지만 다 먼지가 될 운명입니다. 인생이 별것 아닙니다.

이것이 피조물성(被造物性)의 인식입니다. 우리가 이 인식을 한다면 주 앞에 겸비할 수밖에 없다고 생각합니다. 우리가 살아 있다고 하는 것이 무슨 의미를 갖습니까? 흙으로 취함 받은 나, 하나님이 주신 생명, 하나님의 생기를 받아서 짤막하게 이 땅에서 살아가고 있다는 것, 나에게 생명 주신 그분을 날마다 의존하지 않고는 살아갈 수 없다는 인식, 정말 이렇게 인식한다면 우리는 날마다 엎드려 주의 도우심을 구하지 않을 수 없을 것입니다. 이것이 기도가 출발하는 자리입니다.

'겸비하다'는 것은 열등감과는 다릅니다. 열등감에 사로잡힌 사람들은 기도하지 않습니다.

"내가 기도한들 하나님이 들으실까? 아니, 내가 나라를 위해서 민족을 위해서 기도한들 세상이 달라질 수가 있겠는가?"

이런 영적인 열등감에 사로잡힌 사람들은 절대로 기도하지 않습니다. 겸비한 사람들은 자기의 피조물성의 본질을 의식하면서도, 기도를 들으시는 하나님을 의지할 줄 아는 사람들입니다. 그래서 '내가 비록 연약한 인생이고 흙으로 빚은 바 된 피조물이지만 하나님이 이 땅에 나를 고귀한 목적을 가지고 보내셨다', '나를 향한 하나님의 기대가 있다'고 믿으며, 그 인생의 사명을 다하기 위하여 이런 자세로 기도합니다.

"하나님, 감히 이 부족한 것도 내가 발을 디디고 있는 이 현실을 위해서 역사를 위해서 기도합니다. 감히 기도합니다."

본문 27절에서 "티끌과 같은 나라도 감히 주께 고하나이다"라고 했습니다. 31절에서도 "감히"라는 단어가 한 번 더 강조됩니다.

"아브라함이 또 가로되 내가 「감히」 내 주께 고하나이다."

이것은 지금도 살아계신 하나님, 전능자이신 하나님께서 그분에게 나아오는 사람들에게 변함없이 요구하시는 기도자의 자세라고 할 수 있습니다. 겸비한 태도로 그러나 담대하게 나오십시오.

"겸비한 태도로 그러나 담대하게."

이것이 기도자의 자세입니다. 우리 앞에 많은 기도 제목들이 있습니다. 하지만 우리는 기도하기에 합당치 않은 존재일는지 모릅니다. 그러나 이 보잘것없는 것을 이 땅에 두신 그 목적, 그 소명 다하고자 감히 주 앞에 나와서 기도하는 것입니다. 겸비한 태도로 그러나 담대하게 보좌를 향해 나와 엎드리는 자들의 기도를 들으시는 하나님을 찬양하기 바랍니다.

## 중보기도의 내용

우리가 만일 본문을 피상적으로만 관찰한다면 이 아브라함의 기도는 결국 소돔과 고모라 사람들을 살려 달라는 인간적 기도라고 생각될지 모릅니다. 그러나 좀더 깊이 성찰한다면 이 아브라함의 기도는 단순히 인간의 필요에 초점을 맞춘 기도가 아니라 하나님의 필요에 초점을 맞춘 기도임을 발견할 수 있습니다. 결론부터 말씀드리면 아브라함은 조카 롯이 살고 있던 그 도시, 그 민족 가운데 하나님의 의(義), 그리고 하나님의 자비가 부어지도록 기도하고 있는 것입니다.

우리 민족을 위한 우리의 기도가 응답받으려면 "이 민족 잘살게 해주시고 통일되게 해주소서" 하는 정도의 기도 가지고는 안 됩니다. 그렇다면 주께서 기뻐하시는 기도는 어떤 기도일까요?

"이 민족 가운데 하나님의 공의를 이루어 주옵소서. 그리고 오늘 이 땅 가운데 이 민족 가운데 하나님의 긍휼을 그리고 자비를 부어 주시옵소서."

이런 기도가 필요합니다. 이것은 하나님의 필요를 위한 기도입니다.

이런 기도는 주기도문의 정신과 일치하지 않습니까? 주기도문을 읽어 보면 그 후반부는 우리들의 필요에 집중되어 있습니다.

"오늘날 우리에게 일용할 양식을 주옵시고 우리가 우리에게 죄지은 자를 사하여 준 것같이 우리 죄를 사하여 주옵시고"(마 6:11, 12).

반면, 전반부는 하나님의 필요에 집중되어 있지 않습니까?

"너희는 이렇게 기도하라 하늘에 계신 우리 아버지여 이름이 거룩히 여김을 받으시오며"(9절).

누구의 이름입니까? 하나님의 이름입니다. 이 악한 세대, 이 어두운 세대 속에서 하나님이 하나님 되실 수 있도록 주님의 명예를 나타내 달라는 것입니다.

"나라이 임하옵시며"(10절).

누구의 나라입니까? 하나님의 나라입니다. 이 중요한 강조점이 우리말 성경에는 빠져 있습니다. "하나님의 나라가 임하옵시며"라고 해야 정확합니다. 우리의 역사와 우리의 현실 가운데 하나님의 통치가 드러나도록, 주님의 지배하심과 다스리심이 편만해지도록 하나님의 나라가 임하기를 바라는 것입니다.
"뜻이 하늘에서 이루어진 것같이 땅에서도 이루어지이다"(10절).
누구의 뜻입니까? 하나님의 뜻을 우리의 현실 가운데, 우리의 역사 가운데 이루어 달라는 기도입니다.

그렇습니다. 하나님이 기뻐하시는 기도는 무엇보다 하나님 자신의 기대와 요구가 이루어질 수 있는 기도입니다. 아브라함은 바로 거기에 초점을 맞추어 다음 두 가지를 구했습니다.

### 첫째 / 하나님의 공의의 실현

"가까이 나아가 가로되 주께서 의인을 악인과 함께 멸하시려나이까"(23절).
"주께서 이같이 하사 의인을 악인과 함께 죽이심은 불가하오며 의인과 악인을 균등히 하심도 불가하니이다 세상을 심판하시는 이가 공의를 행하실 것이 아니니이까"(25절).
"세상을 심판하시는 하나님, 하나님은 공의를 마땅히 행하시는 하나님이 아니시겠습니까?"라고 아브라함은 지금 하나님의 의(義)에 호소하고 있습니다. 그리고 하나님이 그 의로 그 땅에 역사하시도록 기도하고 있습니다.

기독교 세계관에 따르면 우리를 둘러싸고 있는 이 우주는 맹목적인 우주가 아닙니다. 이것은 도덕적인 우주입니다. 도덕적이신 하나님은 이 우주를 도덕적 우주로 만드셨습니다. 우리 사회는 그저 사람들이 군집해서 이루어 가는 의미없는 사회가 아니라 도덕적 사회입니다. 도덕적이신 하나님은 그분이 만드신 이 세계 가운데 도덕적 질서가 이루어질 것을 기대하셨습니다. 의로우신 하나님 그분이 이루시는 역사와 사회 가운데 하나님의 도덕적 의(義)가 반영될 것을 기대하셨습니다.

아브라함은 이것을 알았습니다. 그래서 그 하나님의 의가 마땅히 이루어질 수 있도록 기도했던 것입니다.
"하나님, 의인 50인을 발견한다면 그들을 통해서 하나님의 역사 가운데 하나님의 뜻을 이루어 가시는 것이 합당하지 않겠습니까? 그들을 보시고 이 땅을 보전시켜 주옵소서."
그러나 불행히도 아브라함은 50명을 발견할 용기가 없어졌습니다. 그래서 하나님과 계속 흥정합니다. 나중에는 10명까지 내려갑니다.
"하나님, 의인 10명만 찾는다면 이 땅을 그대로 두시겠습니까?"

의인이란 존재가 얼마나 중요합니까? 그런데 이 의인이라는 개념이 성경에서 사용될 때 '절대의인'(絕對義人)을 뜻하지는 않습니다. 절대의인은 없습니다. 로마서 3장 10,23절에서 말씀하기를 "의인은 없나니 하나도 없으며 … 모든 사람이 죄를 범하였으매 하나님의 영광에 이르지 못하더니"라고 했습니다. 하나님 보시기에 의인은 하나도 없습니다. 절대의인이란 존재하지 않습니다.

성경에서 의인이란 개념은 단순한 도덕성에 바탕을 둔 개념이 아닙니다. 우리가 의인이란 단어를 정의(定義)할 때 그 단어에 도덕성이 포함된 것은 사실이지만, 도덕적 의미만으로 정의될 수 없는 단어가 의인이라는 단어입니다.

우리는 지금 창세기 18장을 같이 살펴보고 있습니다마는 성경에서 의인이라는 단어는 창세기 15장 6절에서 처음 나옵니다.
"아브라함이 여호와를 믿으니 여호와께서 이를 그의 의로 여기시고."
아브라함에게는 자녀가 없었습니다. 하나님께서 언약의 자녀를 주기로 작정하셨음에도 불구하고 그 자녀는 아직도 자기에게 주어질 것 같은 상황이 아니었습니다. 절망적이었습니다. 그때 하나님께서 나타나셔서 "아브라함아 두려워 말라. 내가 너에게 자녀를 주겠다"고 하시며 그를 바깥으로 데리고 나가셨습니다. 캄캄한 밤이었습니다. 별이 빛나는 밤이었습니다. 하나님께서 아브라함에게 별을 세라고 하셨습니다. 별을 세던 아브라함이 "하나님, 너무 많아서 별을 셀 수 없습니다"라고 하자 하나님께서는 "아브라함아 네 자손이 하늘의 별처럼 그리고 저 바닷가의 모래알처럼 될 것이다"라고 하셨습니다. 절대로 불가능한 상황에서 하나님의 이 말씀을 들었을 때, 성경은 말하기를 "아브라함이 하나님을 믿으니라"고 했습니다. 그리고 하나님은 그것을 의로 여기셨다고 했습니다.

여기서 '의'(義)라는 개념, 믿음으로 의롭다 함을 얻었다는 이 개념은 기독교 신학에서 매우 중요한 개념입니다. 신학적 용어로는 이것을 '이신득의'(以信得義) 또는 '이신칭의'(以信稱義)라고 합니다. 믿음으로만 하나님 앞에 의롭다 함을 얻을 수 있다는 이 중요한 개념이 처음으로 나타나는 장면이 창세기 15장입니다. 단순히 도덕적으로 정의로운 사람이 아니라 전지전능하신 하나님, 그 하나님을 신뢰하고 그분의 뜻 가운데 살고자 하는 사람을 성경은 의인으로 간주합니다. 그런데 소돔과 고모라에는 그러한 의인 10명이 없었던 것입니다.

경영학에서 사용하는 법칙 가운데 「80대20」이라는 법칙이 있다고 합니다. 우리가 생산하는 모든 생산의 80%는 20%의 사람을 통해 생산되며, 또 우리가 소비하는 대부분의 소비, 곧 80%의 소비도 20%의 사람들이 소비한다는 법칙입니다. 한 예로 직장에서 보면 80%의 전화를 20%의 사람들이 다 써버린다고 합니다.

일본의 어느 학자가 개미를 연구했습니다. 개미는 근면과 성실의 상징이지요? 그러나 이 학자가 개미를 연구해 보니까 실제로 개미 가운데 열심히 일하는 개미는 20%에 불과했다고 합니다. 그러니까 열심히 일하는 20%의 개미가 나머지 80%를 먹여 살리는 것입니다.

제가 그 얘기를 읽으면서 이런 생각을 해보았습니다. 오늘 한국 사회에서 그리스도인이 차지하는 인구 비율이 얼마나 됩니까? 약 20%입니다. 만약 이 땅 인구의 20%를 차지하는 우리 그리스도인들이 그리스도인답게 산다면, 하나님의 백성답게 살기를 추구한다면, 주님의 기대처럼 소금으로 빛으로 살아간다면 우리의 역사, 우리의 사회는 얼마나 달라질까요?

20%는 고사하고 10%만이라도 좋습니다. 10%면 교회에 출입하는 사람들, 신앙을 고백하는 사람들의 절반이 되겠지요. 정말 그들만이라도 살아 계시고 전능하신 하나님을 신뢰하고 그분의 말씀을 생명을 걸고 삶의 원리와 지침으로 받아들이고 살아간다면 오늘 우리의 역사, 우리의 사회는 과연 얼마나 달라지겠습니까?

우리는 그 10%에 들어갑니까? 만약 우리 역사와 사회 가운데 하나님의 심판이 불가피하다면 훗날 이에 대한 책임을 누가 져야 할까요? 우리에게 책임이 없겠습니까? 오늘날 이 땅의 그리스도인들이 우리 역사의 중요한 시점에 책임을 다 못하여 훗날 이 민족이 하나님의 심판을 피할 수 없다면 누가 책임을 져야 합니까?

우리가 이 땅의 민족을 위해서 이 현실을 위해서 드려야 할 많은 기도들이 있습니다. 그러나 가장 중요한 기도가 있습니다.

"살아계신 하나님, 이 땅에 하나님의 공의가 이루어지게

하시고, 원컨대 의롭다 함을 입은 내가 의인답게 살 수 있
도록 삶 속에 하나님의 은혜를 베풀어 주시사 주의 말씀을
붙들고 살게 해주시옵소서."
이 얼마나 필요한 기도입니까?

### 둘째 / 하나님의 자비의 구현

아브라함은 하나님의 자비, 하나님의 긍휼이 소돔과 고모
라 땅에 부어지도록 기도합니다. 그런데 본문에 나타난 아
브라함의 기도를 피상적으로 관찰하면 이런 생각을 할 수
도 있습니다.
"아브라함은 소돔과 고모라에 사는 의인들에게만 관심이
있었지 악인들에게는 관심이 없는 것이 아니냐? 그 악인들
은 망해도 좋은가?"

　그러나 좀더 깊이 본문을 관찰해 보십시오. 예컨대 24절
말씀을 보기 바랍니다.
"그 성 중에 의인 오십이 있을지라도 주께서 그 곳을 멸하
시고  그 오십 의인을 위하여 용서치 아니하시리이까."
이것이 의인만을 위한 기도입니까? 아니지요. 오히려 "그
의인을 보시고 나머지 사람들도 용서해 주시지 않겠습니
까" 하는 기도입니다.

　아브라함은 하나님의 부르심을 받았을 때 매우 중요한 삶
의 소명 하나도 받았습니다. 그것은 그가 다른 사람들에게

축복이 되는 존재로 살아야 한다는 것이었습니다.
"너는 복의 근원이 될지라"(창 12:2).
의인은 악인들에게도 축복이 될 수 있습니다. 이것이 아브
라함 가문에, 그 신앙 가문에 하나의 전통으로 내려오는
것을 볼 수 있습니다. 이것은 모든 그리스도인들이 흠모하
고 추구해야 할 삶의 양식이라 할 수 있습니다.

야곱의 인생에서도 그런 일이 있었습니다. 야곱이 외삼촌
라반의 집으로 갔는데 이 라반은 간교한 사람이었습니다.
그런데 성경을 보면 이런 말씀이 있습니다.
"라반이 그[야곱]에게 이르되 여호와께서 너로 인하여 내
게 복 주신 줄을 내가 깨달았노니 … "(창 30:27).
하나님께서 그 집의 모든 재물을 축복하셨습니다. 야곱도
신통한 사람은 아니었지만 라반과 비교하면 상대적으로 의
인이었습니다. 적어도 야곱은 하나님을 신뢰했습니다. 그
런데 성경은 그 야곱 때문에 하나님께서 그가 잠시 거하던
라반의 집에 축복하셨다고 기록하고 있습니다.

요셉의 인생도 보십시오. 하나님께서는 요셉을 인하여 그
가 잠시 거하던 애굽 보디발의 집에 축복하셨습니다.
"여호와께서 요셉을 위하여 그 애굽 사람의 집에 복을 내
리시므로 여호와의 복이 그의 집과 밭에 있는 모든 소유에
미친지라"(창 39:5).
내가 일하고 있는 직장 사람들이 이렇게 말한 적이 있습니
까?

"형제여, 당신은 우리 직장의 축복이오."
또 집안 식구들이 "당신은 우리 가정의 보배요 축복이오"
라고 한 적은 있습니까?

　실로 의인들의 삶은 그리고 하나님이 기뻐하시는 사람들의 삶은 악인들의 삶에도 축복이 될 수 있습니다. 하나님은 아브라함으로 하여금 소돔과 고모라의 죄악에 대해 대신 용서를 구하도록 하셨습니다.
"하나님, 의인 50명을 발견할 수 있다면 그들을 인하여 이 땅 그리고 이 도성에 거하는 다른 사람들도 용서해 주시지 않겠습니까?"
우리가 기독교적 삶을 산다는 것은 결코 냉혹한 정의(正義)만을 추구하는 것이 아닙니다. 저는 사랑 없는 정의, 긍휼 없는 정의는 정의 없는 사랑보다 훨씬 더 악할 수 있다고 생각합니다.

　여기 아브라함은 그 도성의 용서를 위해서 엎드려 기도합니다.
"하나님, 이 도성의 백성들이 하나님을 실망시켜 드리고 죄 가운데 빠져 있어 하나님 보시기에 진노를 피할 수 없다는 그 악한 현실을 잘 압니다. 그럼에도 불구하고 자비로우신 하나님, 주님의 긍휼과 사랑에 근거하여 이 도성의 백성들을 용서해 주시옵소서."
오늘 우리 역사 속에도 이런 기도가 얼마나 절실하게 요청됩니까?

"하나님, 오늘 이 시대 이 땅에서 살고 있는 이 백성들의 어두운 모습을 그리고 악한 현실을 주께서는 잘 아십니다. 그러나 자비로우신 하나님, 이 땅에 한번만 주님의 긍휼을 베풀어 주시옵소서. 용서해 주시옵소서."
이 얼마나 필요한 기도입니까?

저 유명한 나폴레옹 대제(大帝)의 병사들 가운데 한 사람이 탈영했다가 붙들려 왔습니다. 두 번째 탈영이었기 때문에 그는 사형 언도를 받았습니다. 그런데 그 병사의 어머니가 달려와서 나폴레옹에게 "황제여 내 아들을 살려 주십시오"라고 탄원했습니다. 그러자 나폴레옹은 『두 번씩이나 탈영한 네 아들을 위해서 이런 탄원을 하는 것은 의롭지 않다』고 했습니다. 이때 그 어머니는 이렇게 말했습니다.
"황제시여 저는 의를 베풀어 달라고 탄원하는 것이 아니라 황제 폐하께 자비를 구하고 있습니다. 자비를 탄원하고 있는 것이지 의를 탄원하고 있는 것이 아닙니다."

이에 대해 나폴레옹은 『한 번도 아니고 두 번씩이나 탈영했는데 네 아들은 자격이 없다』며 단호하게 나왔습니다. 이때 어머니는 다시 엎드려 이렇게 빌었다고 합니다.
"황제시여 자격이 없기 때문에 나는 긍휼을 구하는 것입니다. 자격이 없기 때문에 내 아들에게 자비를 구하고 있는 것입니다. 자격이 있다면 제가 왜 긍휼을, 자비를 구하겠습니까? 그러니 황제시여, 내 아들에게 당신의 자비를 베풀어 주십시오."

이 어둠의 역사 속에서 오늘 죄악 가운데 빠져 있는 백성들의 현실을 바라볼 때 우리가 주님 앞에 나와서 탄원해야 할 기도는 바로 이런 기도가 아니겠습니까?
"하나님, 이 악함, 이 어두움, 이 죄악에도 불구하고 한번 더 이 땅에 다시 한번만 더 이 땅에 자비와 긍휼을 베풀어 주시옵소서."
이 얼마나 필요한 기도입니까?

## 하나님의 응답

아브라함의 기도는 부분적으로만 응답되었다고 할 수 있습니다. 그것은 아브라함이 중보자로서 완전하지 못했기 때문인지도 모르겠습니다. 하나님께서 롯의 가족을 구출하심으로써 구속(救贖)의 역사는 계승되었지만 그 도성 전체가 구원을 얻지는 못했습니다.

그러나 먼 훗날 아브라함과 비교될 수 없는 절대적 중보자 한 분이 역사 속에 찾아오셨습니다. 하나님의 의, 공의와 사랑을 완벽하게 가지고 이 땅에 공의와 사랑의 역사를 이루기 위해서 오셨던 분. 누구였습니까? 바로 예수 그리스도이십니다.

예수님은 인간이 하나님의 저주와 심판을 피할 수 없는 죄 가운데 빠져 있는 것을 보셨습니다. 하나님이 만약 인류를 향해 진노하신다면 끝장일 수밖에 없는 것을 불쌍히 여기시고 예수께서는 자신의 몸으로 인류의 죄를 담당하셨습니다. 우리가 받아야 할 저주, 우리가 받아야 할 심판을 그 몸으로 대신 짊어지시고 보배로운 피를 흘려 돌아가신 예수 그리스도. 그러나 그분은 장사한 지 사흘 만에 부활하시사 그 앞에 나오는 모든 사람들을 용서하고 용납하고 그들에게 새로운 삶을 주신다고 약속하십니다.

이 하나님의 의(義)와 긍휼이 완벽하게 조화된 그리스도를 보십시오. 저는 오늘 우리 민족에게 희망이 있다면 다시 우리가 십자가의 복음 앞에 서는 것이라 생각합니다. 갈보리 언덕 십자가에 서는 것입니다. 그리고 하나님의 의와 긍휼의 화신(化身)이었던 예수 그리스도 앞에 엎드려 그분을 이 민족의 구세주로 그리고 이 땅의 삶의 주인으로 받아들이고 그분 앞에 회개하는 것입니다.
"하나님, 하나님의 피할 수 없는 저주, 임박한 하나님의 심판이라는 그 현실을 바라봄에도 불구하고 하나님의 은혜와 긍휼을 구합니다. 주 예수님을 통해서 우리에게 긍휼을 베풀어 주셨던 주님, 한 번 더 이 땅에 주님의 자비를 내려 주시옵소서."
이것이 십자가의 복음입니다.

어떤 사람이 말을 더듬는데 주일학교 교사를 무척 하고 싶었던 모양입니다. 한마디 말을 하기에도 무척 힘들어하는 분이지만 자신이 깨달은 하나님의 사랑과 하나님의 복음을 전하고 싶어서 그는 주일학교 선생님이 되었습니다. 어느 날 학생 하나가 이렇게 묻더랍니다.

"선생님, 하나님이 우리를 얼마나 사랑하셨어요?"

이 분은 표현되지 않는 말, 더듬거리는 말로 그러나 그 학생에게 주님의 사랑을 전달하고 싶어서 『얼마나 사랑했느냐고? 이만큼』 하면서 두 팔을 벌렸다고 합니다. 다시 말하면 『십자가만큼』이라고 했답니다. 십자가에 돌아가신 외아들 예수 그리스도를 내어주시사 내가 받아야 할, 우리가 받아야 할 하나님의 저주와 채찍과 심판을 대신 받게 하시고 그분의 희생의 보혈을 근거로 그 앞에 나오는 자는 용서함을 받고 새 생명을 얻게 하신 주님의 은혜를 잊지 말아야 할 것입니다.

만약 이 시대 사람들이 다시 한번 주님 앞에 나올 수 있다면 그리고 이 민족 가운데 이런 회개의 역사와 복음의 역사가 부흥될 수 있다면 우리 민족에게는 아직 희망이 있습니다. 믿으시기 바랍니다. 우리 민족은 십자가 앞에 서야 합니다. 그리고 다시 한번 하나님의 의와 긍휼이 이 땅에 이루어질 수 있도록 기도해야 합니다.

"오, 하나님! 이 악한 어두움의 현실을 보십시오. 하나님의 심판을 피할 수 없는 것 잘 압니다. 이 오만한 민족, 겸손하지 못했던 우리 민족 그리고 하나님 앞에 말할 수 없는 도덕적인 범죄를 저지른 이 민족, 그러나 하나님 용서해 주십시오. 예수 그리스도를 보내시고 그분을 통해서 우리를 용서하기를 기뻐하시는 하나님 앞에 섭니다. 우리를

받아 주시고 용서하시고 우리에게 한번 더 긍휼을 베풀어
주시옵소서.”
주 앞에 엎드리는 이 민족이 있을 때 이 민족에게 또 한번
희망의 내일이 예비될 것을 믿습니다.

　세상은 어두워지고 있습니다. 사람들은 방향을 찾지 못하
고 방황하고 있습니다. 오늘 우리네 삶의 모습을 주님 앞
에서 보십시오. 내 이웃들의 삶의 모습을 지켜 보십시오.
방황하면서도 회개 없이 살고 있는 이 민족, 이 민족이 고
통 받고 있는 것은 이 땅에 하나님의 심판이 시작되었기
때문일지도 모릅니다. 이때야말로 주 앞에 엎드려 주님의
용서와 긍휼을 구할 때가 아니겠습니까? 우리 모두 주 앞
에 엎드려 그분의 자비와 은총을 구합시다.

## 창조적 기도 생활을 위한 토의와 훈련

1. 중보기도에 대한 한국 교회의 통상적인 인식을 나누어
   보십시오.

2. 나 자신의 중보기도에 사랑과 공의가 얼마나 균형을 유
   지하고 있는지 이야기해 보십시오.

3. 아브라함의 중보기도에서 특히 우리가 배울 점이 무엇
   입니까?

4. 잠시 우리 민족과 사회를 위한 중보기도의 시간을 갖도
   록 합시다.

# 2

# 모세의 기도

❋ ❋ ❋

## 출애굽기 33장 12~16절

"모세가 여호와께 고하되 보시옵소서 주께서 나더러 이 백성을 인도하여 올라가라 하시면서 나와 함께 보낼 자를 내게 지시하지 아니하시나이다 주께서 전에 말씀하시기를 나는 이름으로도 너를 알고 너도 내 앞에 은총을 입었다 하셨사온즉 내가 참으로 주의 목전에 은총을 입었사오면 원컨대 주의 길을 내게 보이사 내게 주를 알리시고 나로 주의 목전에 은총을 입게 하시며 이 족속을 주의 백성으로 여기소서 여호와께서 가라사대 내가 친히 가리라 내가 너로 편케 하리라 모세가 여호와께 고하되 주께서 친히 가지 아니하시려거든 우리를 이곳에서 올려 보내지 마옵소서 나와 주의 백성이 주의 목전에 은총 입은 줄을 무엇으로 알리이까 주께서 우리와 함께 행하심으로 나와 주의 백성을 천하 만민 중에 구별하심이 아니니이까."

❋ ❋ ❋

**꽤** 오래전 제가 전도사 시절에 어느 부인과 면담한 일이 있는데 그것을 잊을 수가 없습니다. 남편이 월남전에 참전했을 때 그 기간 동안 잠시 실수로 불륜의 관계를 가졌던 부인이었습니다. 남편과 전장에서 함께 있다가 고국으로 돌아온 남편 친구의 송사로 이 여인의 부정한 생활이 드러나게 되었습니다.

남편은 무섭도록 냉정한 성격이어서 이 사건을 그만의 독특한 방법으로 처리하기로 혼자 결심했습니다. 아무 일도 일어나지 않은 것처럼 말입니다. 그래서 아무 일도 없었던 것처럼 정확하게 회사에 출근하고 또 집에 정확한 시각에 퇴근하여 돌아왔습니다. 가정과 자녀를 향한 경제적 책임을 아주 성실하게 수행했습니다. 그러나 집안에서 아내와는 절대 대화하지 않았습니다. 마치 아내가 없는 것처럼 그는 한집안에서 생활했습니다. 사실상의 별거 생활이었습니다. 그 부인의 가슴은 시간이 지남에 따라 점차 병들어 갔습니다. 그러다가, 차라리 이혼하는 것이 낫지 않겠느냐는 상담을 저에게 청해 온 것입니다.

본문을 보면 이와 비슷한 사건이 기록되어 있습니다. 모세가 시내 산에 올라가서 하나님과 교제하고 기도하는 동안 이스라엘 백성들은 금송아지를 만들어 우상숭배하는 범죄를 저질렀습니다. 하나님께서 진노하셨습니다. 그래서 출애굽기 33장 3절에서 이렇게 말씀하셨습니다.

"너희로 젖과 꿀이 흐르는 땅에 이르게 하려니와 나는 너희과 함께 올라가지 아니하리니 너희는 목이 곧은 백성인즉 내가 중로(中路)에서 너희를 진멸할까 염려함이니라 하시니."

　결국 하나님은 이렇게 말씀하신 셈입니다.
"내가 너희를 가나안 땅으로 인도하겠다고 약속했지? 약속은 이행한다. 그러나 기분 나빠서 너희들과 함께 가지는 않겠다."
아주 재미있는 말씀입니다. 그 백성들과 동행하시면서 말씀도 하고 책망도 하고 위로도 하시던 그 교제를 그만두시겠다는 것입니다. 하나님의 임재를 철회하시겠다는 선언입니다. 이스라엘 백성들은 이제 하나님과의 교제를, 다른 말로 하면 하나님의 임재를 상실하게 된 것입니다.

　오늘 이 시대를 사는 많은 그리스도인들이 하나님의 임재를 상실한 채 살고 있습니다. 그런데도 하나님과의 교제, 하나님의 임재를 상실하고 살아가는 것이 얼마나 심각한 비극인지 알지 못합니다. 당장은 살아가는 데 별 지장이 없기 때문입니다. 또 나를 향한 하나님의 공급은 계속되고 있으니 말입니다. 마치 앞에서 예로 든 그 남편이 가정을 향한 책임은 꼬박꼬박 이행한 것처럼 하나님께서 내 삶의 도움이 되어 주시고 계속 내 필요를 채워주시기 때문입니다.

그렇지만 하나님의 공급이라는 것은 신자들뿐만 아니라 불신자들에게도 계속됩니다. 성경에 보면 산상수훈 가운데 예수께서 말씀하시기를 햇빛과 비를 의인과 불의한 사람에게, 선한 사람과 악한 사람에게 똑같이 주신다고 했습니다. 이것을 신학 용어로 '보편은총' 또는 '일반은총'이라고 합니다. 하나님은 이런 은혜를 누구에게나 주십니다. 이런 하나님의 보편적인 은총이 계속되기 때문에 하나님과의 교제, 하나님의 임재가 얼마나 중요한가를 잘 깨닫지 못하는 것입니다.

그러나 이스라엘 백성들은 달랐습니다. 그들은 이것이 매우 무서운 비극인 것을 깨달았습니다. 그래서 어떤 반응을 보입니까? 출애굽기 33장 4절을 보십시오.
"백성이 이 황송한 말씀을 듣고 슬퍼하여 한 사람도 그 몸을 단장하지 아니하니."
그들은 슬퍼하기 시작했습니다. 참회하기 시작했습니다. 그리고 그들의 대표자격이었던 모세는 그들을 위하여 하나님께 나아가 중보기도를 드렸습니다.

## 모세의 중보기도

그 중보기도의 내용은 한마디로 하나님의 임재를 회복시켜 달라는 것이었습니다.
"하나님 제가 가나안까지 계속 이 백성을 이끌고 가려면 그렇게 하셔서는 안 됩니다. 하나님의 임재를 회복시켜 주

옵소서. 그리하셔야 제가 다시 힘을 얻어 제 여정을 마칠
수 있겠습니다.”
그런데 이 모세의 중보기도 내용을 세밀하게 보자면 두 가
지로 요약할 수 있습니다.

**첫째로, 함께할 자를 보내 달라고 기도했습니다.**

“모세가 여호와께 고하되 보시옵소서 주께서 나더러 이 백
성을 인도하여 올라가라 하시면서 나와 함께 보낼 자를 내
게 지시하지 아니하시나이다”(12절).
다시 말하면 “하나님, 친히 우리와 더불어 못 가시겠다는
그 심정은 이해합니다. 그렇지만 누구라도 보내 주셔야 그
와 더불어 갈 수 있지 않겠습니까? 하나님, 이 길은 저 홀
로 가기에는 너무나 고통스럽고 어려운 길 아닙니까? 함께
할 자를 보내 주시옵소서”라는 뜻입니다.

모세는 그 누군가와 더불어 함께하지 않고는 갈 수 없는
것이 인생인 것을 알았습니다. 존 던이라는 영국의 유명한
신앙 시인은 이런 말을 했습니다.
“우리는 모두 외따로 떨어진 섬이 아니다. 우리는 대륙의
한 부분이다.”
우리는 따로 떨어진 섬과 같은 존재가 아니라 함께 모여
의지하며 살도록, 서로 도우며 나누며 살도록 지어진 존재
라는 말입니다.
현대의 비극이 어디 있습니까? 인류는 공동 운명체라는

것을 깨닫지 못하고 마치 자신이 홀로 살 수 있는 존재인 양 우리는 이웃들에게 무관심합니다. 그리고 마치 이웃들이 존재하지 않는 것처럼 살고 있습니다.

우리는 많은 사람들과 부딪치지만 진실한 만남을 경험하지 못하고 살아갑니다. 그래서 사람들은 외롭습니다. 사람들은 인간 단절, 인간 소외의 비극을 경험하면서 인생을 살고 있습니다. 이런 현대인들의 소외의 비극을 풍자한 얘기를 들은 일이 있습니다. 소위 신세대 유머라는데, 저에게 얘기를 들려 주신 분이 "제 얘기를 듣고 목사님이 웃으시면 신세대이고 웃지 않으면 쉰세대예요" 하더군요. 그런데 제가 듣고 나서 하나도 안 웃었습니다. "역시 나는 쉬었구나. 쉰세대구나" 실감했습니다.

어떤 택시 기사가 택시를 몰고 가다가 한 여자 승객을 태웠습니다. 그런데 태우는 순간부터 이상하게 으스스했습니다. 얼굴이 창백해 보이고 분위기가 음산했습니다. 도대체 어떤 여자인가 싶어서 백밀러를 통해 보니까 얼굴이 없었습니다. 얼마나 놀랐겠어요? 소스라쳐 놀라는데 뒤에 앉은 여자 승객이 기사에게 "나 귀신이다" 하더랍니다. 그런 소리를 듣고 택시 기사가 뭐라고 했는 줄 아세요?
『누가 물어 봤어? 누가 물어 봤냐고?』
이런 에피소드가 우리에게 가르쳐 주는 중요한 교훈이 있습니다. 우리는 얼굴과 얼굴이 만나지 못하고 마음과 마음이 만나지 못한 채 살아갑니다. 마치 얼굴 없는 사람들처럼 사람 사이의 진정한 만남이 없는 인생을 살고 있습니다.

모세의 생애를 연구해 보면 모세는 장점이 많은 사람입니다. 모세는 인간에 대한 실망을 경험했으면서도 인간을 믿었습니다. 그리고 인생을 살아가려면 동역할 사람이 필요하다는 사실도 부정하지 않았습니다.

모세가 함께 갈 자를 보내 달라고 산에 올라가서 열심히 기도하는 동안 모세의 동역자이자 형제인 아론은 산 아래서 무슨 일을 하고 있었습니까? 백성을 충동질해서 우상숭배의 범죄를 하도록 유도하지 않았습니까? 그것은 모세에 대한 배신이었습니다. 이렇게 상처를 받았으면 "이제 내가 인간을 의지하나 봐라. 인간은 쳐다보지도 않고 살겠다"고 나올법도 하건만, 모세는 여전히 인생은 홀로 살 수 없다 생각하고 함께할 자를 보내 달라고 기도했습니다. 물론 "아론은 자격을 상실했다. 그는 아무래도 나와 더불어 의논하면서 이 백성을 이끌고 갈 수 없는 사람이다"라고 모세가 판단했을 가능성도 많습니다.

또 그때 모세 곁에는 여호수아도 있었지만 나이가 어렸습니다.
"사람이 그 친구와 이야기함같이 여호와께서는 모세와 대면하여 말씀하시며 모세는 진(陳)으로 돌아오나 그 수종자 눈의 아들 청년 여호수아는 회막을 떠나지 아니하니라"(출

33:11).

여기서 성경 기자가 여호수아를 묘사할 때 "청년"이라고 했습니다. 히브리어로는 '어린 사람'이라는 뜻입니다. 그 당시 여호수아가 어렸던 것 같습니다. 그러니까 아직 동역자가 될 만큼 성숙하지 않았기 때문에 모세는 여호수아를 함께할 사람으로 생각하지 않았던 것 같습니다.

그래서 모세는 "하나님이 직접 저와 같이 가지 않으시려면 누군가 정말 제가 신뢰하고 교제하며 동행할 수 있는 적합한 동역자를 보내 주셔야 합니다. 도와주십시오"라고 기도할 수밖에 없었던 것입니다. 인생길에 이런 반려자가 필요합니다. 동역자가 필요합니다. 왜 그렇습니까? 하나님은 보이시지 않습니다. 그러나 우리가 참 진실한 믿음의 이웃들, 형제 자매들을 만나 그들을 통해 위로받을 때 거기서 하나님의 위로를 느낍니다. 그들을 통해 격려받으면서 하나님의 격려를 느낍니다.

둘째로, **은총의 표징을 보여 달라고 기도했습니다.**

"내가 참으로 주(主)의 목전에 은총을 입었사오면 원컨대 주의 길을 내게 보이사 내게 주를 알리시고 나로 주의 목전에 은총을 입게 하시며 이 족속을 주의 백성으로 여기소서"(13절).

"옛날에 제 이름도 안다고 하시지 않았습니까? 제가 정말 하나님의 은총을 입은 자라고 간주하시면, 직접 저와 더불어 가나안까지 가겠다고 하지는 않으시더라도 정말 하나님이 살아계시고 저를 도와주신다는 그 은혜의 표징을 계속 보여 주십시오” 하는 말입니다.

그리고 좀더 담대하게 이런 요청도 합니다.
“모세가 가로되 원컨대 주의 영광을 내게 보이소서”(18절).
결국 하나님께서 자신의 영광을 모세에게 보이셨습니까, 안 보이셨습니까? 보이셨습니다. 그러나 다는 보이지 않으셨습니다. 하나님의 영광을 접한다는 것은 두려운 일입니다. 피조물인 이 죄인이 하나님의 하나님 되심, 즉 그분의 완전하심과 절대적 거룩하심을 본다면 죽습니다.
“네가 내 얼굴을 보지 못하리니 나를 보고 살 자가 없음이니라”(출 33:20).

그래서 여호와께서는 “보라 내 곁에 한 곳이 있으니 너는 반석 위에 섰으라”(21절)고 하셨습니다. “내가 지나갈 테니까 너는 반석에 들어가 숨어 있어라. 내가 지나간다는 것을 조금이나마 느끼게 해주마”라는 의미입니다. 이렇게 하나님은 자신의 영광의 편린(片鱗)을 보여 주셨습니다. 그분의 영광 전체를 계시하신 것은 아니었습니다. 그 영광 앞에 설 사람이 없다는 것을 아시기 때문에 하나님은 그분의 영광 전체를 계시하는 것을 유보하셨습니다. 다만 “내가 너와 함께하고 네 곁에 지나간다는 표를 보여 주마. 나를 느낄 수 있도록 해주마”라는 뜻의 기도 응답만 하셨습니다.

여기서 사실 모세는 하나님을 시험한 것이었습니다. 이 점이 매우 중요합니다. 성경에 보면 하나님은 우리가 하나님을 시험하는 것을 금하셨습니다.
"주 너의 하나님을 시험치 말라"(마 4:7).
그러면서도 우리가 나쁜 동기가 아니라 좋은 동기로, 시험을 위한 시험이 아니라 정말 좋은 동기로 하나님이 계신가 시험하거나 하나님이 나를 사랑하시는가 시험하는 것은 허용하십니다. 예컨대 말라기서에서 "한번 십일조를 드리면서 내가 축복하나 안 하나 시험해 보라"(3:10 참조)고 하셨습니다.

인생길에는 확인이 필요합니다. 모세는 하나님이 살아계신 것을 알았습니다. 가나안까지 도달하는 동안 그 백성을 인도하시겠다는 약속도 잘 알았습니다. 그러나 하나님이 살아계시고 나를 기뻐하신다는 사실을 중간중간에 확인시켜 주시지 않으면 쉽게 시험에 들 것이기에 모세는 "내가 주께 은총 받은 사람이라는 징표를 보여 달라"는 기도를 드린 것입니다.

하나님께서 시험당하시되 진노하지 않으신 예들이 성경에 많이 나옵니다. 대표적인 것이 기드온 같은 경우입니다. 그는 세 번씩이나 하나님을 시험했습니다. 하나님과 요술 게임하는 것처럼 "내가 이렇게 금 그어 놓을 테니까 양털 밖에만 마르고 이 안에는 마르지 않게 해보십시오. 그렇게 해서 하나님이 살아계시다는 확신이 서면 그 다음에 나를 바치겠습니다. 그리고 용감히 주를 위해 살겠습니다"라고 기도했습니다. 이때 하나님께서도 『그래 한번 해봐라』고 허용하셨습니다. 우리 인생이 하나님의 임재에 대해서, 또 그분의 능력과 사랑에 대해서 확인을 필요로 하는 존재임을 주께서 잘 아셨기 때문입니다.

부부도 서로 마찬가지입니다. 서로 사랑하는 것을 알아도 그 사랑이 확인되지 않으면 멀어질 수 있습니다.

어떤 경상도 사나이가 결혼을 했습니다. 경상도 사람이 대체로 무뚝뚝하지 않습니까? 그래서 첫날밤 신부에게 말하기를 "나는 너를 사랑한다는 식의 간사한 말을 못하는 사람이다. 그러나 오늘 결혼했으니까 오늘밤 한 번은 하겠다. 이 한 번은 일생 유효하다. 나 너 사랑한다"고 했답니다. 신부는 기가 막혔습니다. 그런데 그 여자는 지혜로운 신부였던 모양입니다. 남편에게 말하기를 『여보, 당신이 몰라서 그렇지 내게는 문제가 하나 있어요. 매우 심각한 문제예요. 다른 문제는 없지만 무슨 얘기를 들으면 자꾸자꾸 잊어버려요. 그래서 당신이 그 말을 날마다 해주지 않으면 그 말을 잊어버려요』라고 했답니다.

이처럼 우리 인간에게는 확인이 필요합니다. 사랑의 확인이 필요합니다.

모세는 하나님의 약속을 알았습니다. 하나님이 자기와 그 백성을 버리지 않으시리라는 것도 알았습니다. 그러나 확인할 필요성이 있었기에 이렇게 기도했던 것입니다.
"하나님, 제가 주께 은총 받은 사람이라는 표를 보여 주시옵소서. 그러면 용기백배하여 목적지를 향해 나아가겠습니다. 제 인생길에 은총의 표징을 보여 주시옵소서."
이것은 참 좋은 기도입니다.

하나님께서는 시편 기자를 통해 우리에게 말씀하시기를 "너희는 여호와의 선하심을 맛보아 알지어다"(시 34:8)라고 하셨습니다. 하나님의 선하심을 맛보아야 합니다. 인생길에서 우리는 하나님은 선하시다, 하나님은 사랑이시며 긍휼이시다, 하나님은 자비로우시다는 사실을 확인하기 위하여, 그리고 사랑과 능력의 하나님이 나를 버리지 않고 함께하신다는 그 임재의 징표를 알기 위해서 주 앞에 종종 이런 기도를 할 필요가 있습니다.
"하나님, 저를 기쁘게 여기시고 저를 사랑하신다면 그 징표를 좀 보여 주세요. 그래서 험난한 인생길을 당당하게 걸어갈 수 있도록 말이에요."
이런 기도 좀 하면서 살아가기 바랍니다.

## 하나님의 신속한 기도 응답

모세는 두 가지 기도를 했습니다. 그런데 결과적으로 어떻게 됐습니까? 하나님의 응답을 받았습니까? 못 받았습니까? 하나님의 응답은 신속하게 왔습니다. 모세가 하나님의 신속한 응답을 받았던 비결이 무엇이었을까요? 이스라엘 백성들이 회개했기 때문입니다. 그들은 진실하게 회개했습니다. 참회했습니다. 이 중요한 점을 간과해서는 안 됩니다.

출애굽기 33장 4절을 보십시오.
"백성이 이 황송한 말씀을 듣고 슬퍼하여 한 사람도 그 몸을 단장하지 아니하니."
이는 참회의 시작입니다. 하나님을 반역하고 우상숭배하고 그 잠시를 견디지 못하여 하나님께 시선을 떼고 방황했던 범죄에 대해 그들은 진심으로 슬퍼하며 참회했습니다. 한 사람도 그 몸을 단장하지 않은 것은 단장하는 것이 죄라서가 아니라 외부에 신경 쓸 마음의 여유가 없었기 때문이었습니다. 하나님을 떠나 하나님을 반역하고 하나님을 근심시키고 진노케 했던 비참한 마음 상태를 바라보며 그들은 진정으로 경건한 참회를 했던 것입니다.

그랬더니 하나님께서 어떤 반응을 보이십니까? "여호와께서 모세에게 이르시기를 이스라엘 자손에게 이르라 너희는 목이 곧은 백성이다"(5절)라고 책망하셨습니다.
현대인들은 목이 너무나 곧아서 목이 곧은 백성이라고 질책해도 정신을 못 차립니다. '모가지'가 곧은 백성이라 해야 정신이 바짝 날지 모르겠습니다. 목이 곧다는 것은 목이 뻣뻣하다는 것입니다. 목이 뻣뻣하면 하나님이 사용하시기가 곤란합니다. 목이 부들부들해야 하나님께서 끌고 다니기 좋고 일 시키시기 좋은데, 목이 곧으면 쓰실 수가 없습니다. 교만한 사람은 하나님이 쓰실 수가 없습니다.

　본문 10절에 보면 이스라엘 백성들이 하나님을 경배합니다. 경배하기 위해서는 자세를 낮추어야 합니다. 그들은 마침내 참회하며 주님 앞에 엎드립니다. 회개하며 엎드립니다. 이 회개가 드디어 하나님의 마음을 바꾸었습니다. 그리고 하나님의 신속한 응답이 임하기 시작했습니다. 그들은 과연 어떤 응답을 받았습니까? 그날 모세가 중보기도 하여 응답받은 내용의 정체가 14절에 기록되어 있습니다. "여호와께서 가라사대 내가 친히 가리라 내가 너로 편케 하리라."

　하나님의 응답은 두 가지입니다.

### 첫째 / "내가 친히 가겠다"

출애굽기 33장 첫머리에서 "내가 가나안 땅에 가기는 하겠지만 너희와 같이 가지 않겠다"고 선언하셨던 그 하나님이 이제는 뭐라고 말씀하십니까? 참회하며 회개하며 주의 자비와 긍휼을 구하는 모세와 이스라엘 백성들에게 뭐라고 말씀하십니까?
"내가 친히 가리라."
하나님께서 마음을 바꾸셨습니다. 우리는 때로 하나님을 오해하는 경우가 있습니다. 하나님을 우리의 편견으로 오해하게 되는 원인의 하나는 지나치게 경직된 신학적 교리, 소위 잘못된 도그마에 있다고 생각합니다. 예를 들어 우리가 하나님의 주권과 예정에 대한 공부를 할 때 마치 하나님이 어떤 프로그램을 가지고 인간을 다루시는 것처럼, 그리고 한번 계획하면 요지부동으로 우리를 그리로 끌고 가시는 하나님으로 상상을 많이 합니다. 그러나 보십시오. 같이 안 가겠다고 말씀하셨다가도 백성들이 참회하며 회개하면서 기도했더니 그 뜻을 바꾸어 같이 가기로 하셨습니다.

하나님은 융통성 없는 분이 아니십니다. 물론 하나님은 역사와 인생에 대한 큰 계획을 갖고 계십니다. 그리고 하나님 자신의 의지를 관철하실 것입니다. 그럼에도 불구하고 인생을 섭리하시는 하나님의 방법은 고착된 것이 아닙니다. 하나님은 아주 인격적인 분이십니다. 그분은 개인적으로 우리 삶에 간섭하시고 사랑과 긍휼로 우리 삶에 다가오시사 우리와 더불어 교제하기를 기뻐하시는 하나님, 우리가 울며 호소할 때 마음도 바꾸시는 하나님입니다. 여기에 기도의 묘미가 있습니다.

그래서 우리가 기도할 때 하나님은 생각을 달리하시고 우리에게 제2의 기회도 주시고 색다른 인생의 선택도 하게 하십니다. 이토록 부드러우신 하나님, 이런 인격적인 하나님이 바로 성경의 하나님이시요 당신의 하나님이신 것을 신뢰하기 바랍니다. 바로 그 하나님이 어떻게 말씀하십니까?
"내가 친히 같이 가리라."

그런데 함께할 자를 보내 달라는 기도는 어떻게 되었습니까? 다음 구절을 계속 보면 함께할 제3의 인물을 하나님께서 보내 준 흔적이 없습니다. 그냥 모세는 계속해서 아론과 여호수아와 같이 갑니다. 이때 아론은 변화되어 새로운 사람으로 모세와 동역합니다. 여호수아도 좀더 성숙하기 시작합니다. 훗날 모세의 계승자가 될 만한 사람으로 성숙해 갑니다. 그러니까 이 기도만은 하나님이 제3의 인물을 보내 주시는 쪽으로 응답하지 않으셨습니다. 왜 그렇게 하셨을까 제가 생각해 보니까 하나님의 마음이 이랬을 것 같았습니다.
"바꿔 봤자 인생은 다 마찬가지다. 그냥 아론과 여호수아와 같이 가라."

우리는 인간 관계에서 갈등을 경험하면 종종 "한번 바꿔 봤으면 좋겠다. 새로운 사람과 일해 봤으면 좋겠다"고 생각합니다. 가정에서도 "내가 이 남자 데리고 평생 살아야 하나. 한번 바꿔 볼까?", "내가 이 여자 데리고 계속 살아야 하나? 한번쯤 바꿔 보면 어떨까" 생각합니다.

미국의 바바라 월터라는 유명한 사람이 있습니다. 저널리스트이고 TV에도 자주 나오는 유명한 여자입니다. 남편도 유명한 사람입니다. 기자이고 컴퓨터 전문가입니다. 그런데 이들이 이혼했습니다. 이 잘난 여자와 이혼하고 나서 남편 되는 사람이 "이제는 좀 새로운 인생을 찾자. 나에게 가장 적합한 사람을 찾아 보자"며 컴퓨터 통신에 광고도 내고 사람들의 추천도 받았습니다. 그리고 자기와 여러 여자들의 자료를 컴퓨터에 넣어 수많은 여자들 가운데 자신과 가장 잘 맞을 수 있는 사람이 누군가 살폈답니다. 마지막으로 열 사람쯤 남았는데 자기와 가장 잘 맞는 여자 1위가 누구로 나왔는지 아십니까? 바로 자기와 이혼했던 바바라가 1위로 나왔습니다. 바꿔 봤자 소용없습니다.

중요한 것은 내가 바뀌는 것입니다. 내가 변화되어야 합니다. 우리는 상대방이 바뀌면 좀더 우리 가정이 달라지겠지, 저 사람이 바뀌면 우리 직장이 달라지겠지 생각하지만 결코 그렇지 않습니다. 내가 변화되어야 합니다.

하나님께서 "내가 친히 함께하리라"고 말씀하셨습니다. 이것이 중요합니다. 하나님이 함께하시면, 어려운 상황 속에 주께서 개입하시면 그리고 주께서 우리를 장악하시면 우리는 다시 일어나 열악한 환경 속에서도 하나님이 보여 주시는 인생의 목표를 향해 달려갈 수 있는 줄로 믿습니다.

### 둘째 / "내가 너로 편케 하겠다"

구약성경은 아람어도 조금 섞여 있지만 대부분 히브리어로 기록되어 있고 신약성경은 헬라어로 기록되어 있습니다.

그런데 최초로 구약성경의 히브리어를 헬라어로 번역한 것을 『70인역』이라 부릅니다. 70인역으로 이 대목을 읽어 보면 "내가 너로 편케 하리라"는 말씀이 마태복음에 나온 "수고하고 무거운 짐 진 자들아 다 내게로 오라 내가 너희를 쉬게 하리라"는 예수님의 말씀과 정확하게 같은 문장으로 되어 있습니다. 즉, "내가 너로 편케 하리라"는 말씀은 "내가 너희로 쉬게 하리라"는 뜻입니다.

모세에게 응답으로 주신 하나님의 첫째 약속이 무엇입니까? "내가 친히 같이 가겠다"라는 하나님의 임재의 약속입니다. 그리고 두번째 약속은 "내가 너희에게 안식을 준다"는 것입니다.

그런데 이 두 가지는 분리되지 않습니다. 하나님이 나와 함께하신다, 주께서 나와 더불어 같이 하신다는 이 하나님의 임재를 경험한 사람들은 그 임재 안에서 안식할 수 있습니다.

그런데 이 안식이란 것은 단순히 활동의 중단을 말하지 않습니다. 그저 쉬는 것을 말하지 않습니다. 휴가 다녀와서 이튿날 직장을 가야 하는데 죽어도 가기 싫으면 잘못 쉰 것입니다. 그런데 제대로 쉬어서 재충전이 됐으면 "야, 이제 다시 한번 직장 가서 새롭게 해보자"는 마음을 갖게 됩니다. 진정한 안식은 '새로운 창조'(recreation)입니다. 또한 '새로워지는 것'(refreshment)입니다. 새로이 충전되는 것입니다.

진정한 안식을 통해 우리는 우리를 둘러싸고 있는 이 열악하고 어두운 환경에, 그 삶의 장(場)에 다시 한번 도전할 새로운 능력과 힘을 얻을 수 있습니다. 그런데 모세와 이스라엘 백성들이 주의 음성을 들으면서 하나님의 새로운 임재 안에서 삶을 감당할 수 있는 주님 주시는 안식을 경험하기 시작했습니다. 이 안식은 얼마나 소중한 안식이었습니까? 그들은 하나님의 임재를 경험했기에 안식을 누릴 수 있었던 것입니다.

신앙이 깊어지면 하나님의 백성들의 마음속에 이런 열망이 생깁니다.
"하나님의 임재를 더 깊이 경험해 봤으면 좋겠다."
이런 생각이라도 해본 사람은 정상적인 그리스도인입니다. 하나님의 임재를 체험했으면 좋겠다, 하나님의 임재 속에 깊이 들어갔으면 좋겠다는 열망이 전혀 없다면 아직도 가짜일지 모릅니다. 참된 신앙인의 마음속에는 이 하나님의 임재에 대한 열망이 있습니다. 하나님의 임재에 대한 갈망이 있습니다.

하나님의 임재를 열망하는 전세계 그리스도인들이 동서양을 막론하고 지난 400년 동안 제일 많이 읽은 책이 있다면 『하나님의 임재 연습』(*The Practice of the Presence of God*)입니다. 우리말로도 여러 출판사에서 번역됐습니다. 로렌스 형제라는 사람이 쓴 책으로 저자가 이 책의 주인공입니다. 이 사람은 굉장한 교회 지도자가 아닙니다.

신학자도 아니고 대단한 업적이 있었던 사람도 아닙니다. 그런데 이 책은 하나님의 임재를 경험하려는 사람들에게 마치 세기를 초월한 가장 고전적인 교과서처럼 사용되고 있습니다. 이 책은 원래 그가 죽어 가면서 남긴 평범한 일기로서 여기에는 그가 어떻게 하나님의 임재를 체험했는지가 잘 나타나 있습니다.

이 사람은 1666년 자기 나이 55세가 되던 해에 프랑스 파리 근교에 있는 칼멜 수도회에 평신도 수도사로 입회하여 25년을 보내고 80세에 세상을 떠났습니다. 그는 그 수도원 부속 병원의 부엌 취사장에서 일하던 요리사였습니다. 그런데 어떻게 이 사람이 유명해졌을까요? 이 사람을 만나기만 하면 거기서 사람들은 하나님을 발견했습니다. 이 사람을 만나면 마음에 쉼을 얻고 치료가 되고 하나님이 함께하시는 것이 눈에 보였습니다.

언젠가 크리스티 윌슨 박사님을 모시고 같이 다니면서 저는 제가 살아 생전에 하나님의 임재를 체험하고 있는 분을 만났다는 생각을 했습니다. 그 기간처럼 제가 축복된 시간을 가져 본 적이 없습니다. 참 놀라운 분입니다. 일본 식당에 모시고 갔는데 식사 기도할 때 일본의 복음화를 위해서 기도했습니다.
"하나님, 일본 음식 먹게 되었는데 일본 땅에 주님 모르는 사람이 너무 많습니다. 빨리 복음화되게 도와주십시오."
중국 식당에 모시고 가면 중국 복음화를 위해서 기도합니다.

지나가다 저 건물이 뭐냐고 물어서 고등학교라고 하면 그 학교 학생들이 젊었을 때 하나님을 알게 되도록 잠깐 기도하자고 했습니다. 그 분의 삶이 곧 기도입니다. 아주 인자하신 할아버지 같은 그 분의 얼굴에는 빛이 있었습니다. 겸손하고 참 아름다웠습니다. 그 분은 로렌스 형제처럼 그런 하나님의 임재를 경험하는 분이었습니다.

아마 로렌스 형제는 그 이상의 분이었는지도 모릅니다. 책 후반부에 이 분의 생애를 소개하는 내용이 다른 사람에 의해 기록되어 있는데, 로렌스 형제는 일을 시작하기 전에 늘 이런 기도를 했다고 합니다.
"오 나의 하나님, 주님께서 나와 함께 계십니다. 이제는 주님의 명령에 순종하여 접시를 닦고자 합니다. 주님의 임재 속에 계속 거할 수 있는 은혜를 허락하여 주옵소서. 내가 하는 이 일을 받아 주시고 이 일을 통해서도 하나님의 사랑을 경험하게 도와주소서."
접시 닦으면서 드리는 기도입니다.

또 그 다음 페이지에는 이렇게 기록되어 있습니다.
"로렌스 형제는 하나님의 임재 가운데 행함으로써 그를 만나는 모든 사람들에게 하나님의 임재를 사모하고자 하는 갈증을 불러일으켰다. 그가 보여 준 모범은 그가 제시할 수 있는 어떤 이론적 신학적 논증보다 강력한 설득력을 가지고 있었다. 그의 얼굴 자체가 다른 사람에게 은혜가 되었다. 얼굴에 나타나는 감미롭고 고요한 경건이 보는 사람들에게 영향을 끼치지 않을 수 없었던 것이다. 그는 취사장에서 아무리 바쁘게 일할 때에도 마음의 평온함과 하늘에 대한 생각을 유지하고 있었다. 그는 결코 조급해 하거나 서두르지 않았다. 늘 변함없이 침착하고 평온을 유지하면서 모든 일을 제때에 제대로 맞추어 했다. 그리고 그는 언제나 말하기를 '나에게는 일하는 때나 기도하는 때나 차이가 없습니다. 여러 사람이 한꺼번에 서로 다른 일을 요청하는 우리 취사장의 소란함과 부산함 가운데서도 나는 마음의 무릎을 꿇고 성찬식에 참여하는 것처럼 큰 평온 가운데 하나님의 임재를 경험합니다. 설거지하고 부엌일을 하면서도 나는 마치 성찬식에 참여하는 것처럼 하나님의 임재와 하나님의 사랑을 경험하며 일을 감당합니다' 라고 했다."

그의 삶이 이토록 빛나는 도전이 되고, 오고오는 세기에 하나의 고전적인 하나님 임재의 모범이 된 것은 너무나 당연한 일이 아니겠습니까?

내게 주어진 나머지 인생을 어떻게 살기 원하십니까? 저는 무엇보다 모세가 기도를 통해 하나님 임재의 회복을 구했던 것처럼 우리도 하나님의 임재 안에 살아가기를 구했으면 좋겠습니다. 하나님의 임재를 사모하기 바랍니다. 그리하여 하나님의 임재 안에서 당당하게 투명하게 순전하게 사십시오. 나를 둘러싼 환경이 얼마나 열악하든지간에 혼들림 없이 하나님의 영광을 선포하며 기뻐하고 평안하며, 함께하시는 하나님의 아름다움을 증언하는 삶을 사십시오. 이런 삶을 살 수 있는 것은 주께서 나와 함께하시기 때문입니다. 내가 주의 음성을 날마다 들으며 살고 있기 때문입니다. 주님은 이렇게 말씀하십니다.

"내가 너와 친히 함께하리라. 내가 너를 편하게 하리라. 내가 너에게 안식을 주리라."

이 하나님의 영광스러운 안식과 임재 안에서 항상 승리하시기를 바랍니다.

## 창조적 기도 생활을 위한 토의와 훈련

1. 우리의 기도에서 하나님의 임재를 경험하는 것이 왜 중요합니까?

2. 우리의 기도에서 회개가 왜 중요한 요소가 됩니까?

3. 로렌스 형제의 간증에서 느끼는 감동은 무엇입니까?

4. 잠시 회개의 기도에 이어서 하나님의 임재를 체험케 해 달라는 집중적 기도 시간을 가지십시오.

# 3

# 한나의 기도

❀   ❀   ❀

## 사무엘상 1장 10~18절

"한나가 마음이 괴로워서 여호와께 기도하고 통곡하며 서원하여 가로되 만군의 여호와여 만일 주의 여종의 고통을 돌아보시고 나를 생각하시고 주의 여종을 잊지 아니하사 아들을 주시면 내가 그의 평생에 그를 여호와께 드리고 삭도를 그 머리에 대지 아니하겠나이다 그가 여호와 앞에 오래 기도하는 동안에 엘리가 그의 입을 주목한즉 한나가 속으로 말하매 입술만 동하고 음성은 들리지 아니하므로 엘리는 그가 취한 줄로 생각한지라 엘리가 그에게 이르되 네가 언제까지 취하여 있겠느냐 포도주를 끊으라 한나가 대답하여 가로되 나의 주여 그렇지 아니하니이다 나는 마음이 슬픈 여자라 포도주나 독주를 마신 것이 아니요 여호와 앞에 나의 심정을 통한 것 뿐이오니 당신의 여종을 악한 여자로 여기지 마옵소서 내가 지금까지 말한 것은 나의 원통함과 격동됨이 많음을 인함이니이다 엘리가 대답하여 가로되 평안히 가라 이스라엘의 하나님이 너의 기도하여 구한 것을 허락하시기를 원하노라 가로되 당신의 여종이 당신께 은혜 입기를 원하나이다 하고 가서 먹고 얼굴에 다시는 수색이 없으니라."

❀   ❀   ❀

우리 시대의 탁월한, 그리고 존경받는 지식인 가운데 한 사람으로 유태인 랍비 해롤드 쿠쉬너(Harold Kushner)라는 사람이 있습니다. 이 분에게는 아론이라는 아들이 있었는데 태어나자마자, 어렸을 때 일찍 늙어 버리는 조로증이라는 병을 가진 것으로 진단되었습니다. 이제 자기의 사랑하는 아들이 90cm 이상 자라지 못하고 급속하게 노화되어, 나이가 열 살인데 벌써 노인네의 특징을 나타내기 시작합니다. 그래서 10대 초반에 사랑하는 아들이 자기 눈앞에서 죽어 가는 모습을 고통스럽게 지켜 보아야만 했습니다.

아들이 죽은 후 그는 아들이 병을 앓는 동안 고통 가운데 자기 마음속에 쌓아 두었던 생각과 사색을 모아 한 권의 책을 출판했는데 이 책이 바로 『착한 사람이 왜 고통을 받습니까?』입니다. 이 책은 결코 피상적이 아닌 심오하고 난해한 내용을 담고 있는데도 전세계적인 베스트셀러가 되었습니다. 거기에는 단순한 이유가 있다고 생각합니다. 그것은 설명할 수 없는 고통을 안고 있는 이 지구상의 많은 사람들을 대신해서 이 책이 "왜"라는 질문을 던지고 있기 때문입니다.

왜 나에게 이런 일이 일어날까요? 왜 우리 가정이 이런 일을 겪어야만 합니까? 왜 내 사랑하는 남편에게, 내 자녀에게, 부모에게 이런 일이 일어나야만 했을까요? 진실로 우리는 모두 설명할 수 없는 나름대로의 고통을 끌어안고 인생을 살아가고 있습니다.

최근 유행하는 젊은이들의 유머 퀴즈 가운데 이런 얘기가 있습니다. 교통사고가 나서 한 버스에 타고 있던 많은 승객들이 죽었는데 그들 중 가장 억울하게 죽은 사람이 누구일까요 하는 퀴즈입니다. 그 첫번째는 96번 버스를 타려하다가 69번을 96번으로 착각하고 탄 사람, 두번째는 결혼식이 내일인 총각, 세번째는 버스가 출발할 때 급하게 달려와서 간신히 버스를 탔던 사람, 네번째는 졸다가 자기가 내릴 곳에서 한 정거장 더 가다가 돌아가신 분이라고 합니다.

그런데 웃기기 위해 있는 얘기지만 결코 웃어 넘길 수 없는 진리가 그 속에 숨어 있습니다. 이런 비극이 보편적으로 일어나고 있는 세상이 바로 우리가 살고 있는 세상이기 때문입니다.

인간의 고통 문제에 대해 기독교적 관점에서 쓴 가장 탁월한 걸작이 있다면 옥스포드 대학의 교수였던 C.S. 루이스의 『고통의 문제』(*The Problem of Pain*)라는 책입니다. 읽기가 쉬운 책은 아닙니다. 난해한 생각을 따라 고통스럽게 사고하면서 읽어야 합니다. 고통의 문제에 대한 책을 고통스럽게 읽었습니다. 그런데 마지막 결론이 너무 허무합니다. 고통의 문제는 결코 설명될 수 없다는 것이 마지막 결론입니다. 그러나 한 가지 매우 희망적인 제안을 덧붙입니다.

"고통의 문제는 결코 설명될 수 없지만 극복될 수 없는 것
은 아니다."
고통의 문제는 극복될 수 있다고 강조합니다.

그렇다면 고통은 어떻게 극복될 수 있습니까? 우리와 동
일한 믿음을 가지고 앞서 신앙의 길을 걸었던 믿음의 선배
들의 간증을 들어 보면 하나의 공통분모가 있습니다. 그들
은 모두 기도로 고통을 극복할 수 있었다, 기도로 인생의
가장 큰 어려움을 넘어설 수 있었다고 간증합니다. 본문에
도 그런 경우가 기록되어 있습니다. 한나라는 여인의 사건
입니다.

한나에게는 어떤 고통이 있었습니까? 그녀는 불임증으로
자녀를 둘 수 없었습니다. 고대 세계에서 자녀가 없다는
것은 미래가 없다는 저주와도 같은 것이었습니다. 그러나
불임이었던 한나에게 그보다 더 큰 고통은 남편에게 브닌
나라는 다른 여자가 있다는 사실이었습니다. 사무엘상 1장
2,6절을 보십시오.
"그에게 두 아내가 있으니 하나의 이름은 한나요 하나의
이름은 브닌나라 브닌나는 자식이 있고 한나는 무자(無子)
하더라 … 여호와께서 그로 성태(成胎)치 못하게 하시므
로 그 대적 브닌나가 그를 심히 격동하여 번민케 하더라."
자녀가 없던 한나를 향해 브닌나는 계속해서 비웃고 수모
를 주었을 것입니다. 이것은 한나의 자존감에 심각한 타격
을 입혔을 것이고 그는 말할 수 없는 깊은 상처를 받았을

것입니다. 그러나 이런 고통, 이런 상처를 한나는 기도로 극복했습니다. 그렇다면 어떤 기도를 했길래 고통을 극복했을까, 이것이 우리의 질문입니다. 여기서 우리는 고통을 극복하기 위해 어떻게 기도해야 할지 이 여인에게서 배워야 합니다. 설명할 수 없는 이런 고통을 만날 때 어떤 기도를 드려야 할까요?

## 심정을 토하는 기도

"한나가 마음이 괴로워서 여호와께 기도하고 통곡하며"(10절).
한나의 기도는 자기 안에 있는 모든 것을 주님 앞에 토해 내는 기도였습니다. 통곡으로 주님 앞에 아뢰었습니다. 그러나 한나는 통곡의 기도만 했던 것은 아닙니다.
"한나가 속으로 말하매 입술만 동하고 음성은 들리지 아니하므로 엘리는 그가 취한 줄로 생각한지라"(13절).
한나는 속으로도 기도했습니다. 안으로 안으로 토해 내는 기도를 했습니다.

　사람들이 저마다 다르기 때문에 기도 방식도 다 다릅니다. 어떤 사람은 통성기도를 선호하고 어떤 사람은 침묵기도를 선호합니다. 그런데 이 두 부류의 사람들은 별로 사이가 안 좋습니다. 통성기도 좋아하는 사람은 침묵기도하는 사람을 보면 "저 사람이 자나 기도하나. 저것도 기도라고 하나. 소리도 안 나고. 저 사람 신앙이 있나 없나"라고 생각하기도 합니다. 반면 침묵기도를 즐기는 사람은 통성기도하는 사람을 보면 "저 사람 왜 저렇게 떠들고 기도하나. 남들 기도 못하게"라고 생각합니다.

그러나 여기 한나는 통곡으로 기도하기도 하고 때로는 침묵으로 기도하기도 했습니다. 어떻게 기도하느냐를 가지고 시비할 필요는 없습니다. 통성기도를 좋아하는 사람은 침묵기도를 배우기 바랍니다. 침묵기도를 좋아하는 사람은 때로 내 인생에 격렬한 통곡이 필요할 수도 있다는 사실을 배우기 바랍니다.

내 마음에 농축되고 가라앉아 있는 고통, 분노, 절망, 아픔, 눈물, 이런 모든 찌꺼기들을 주 앞에 있는 모습 그대로 투명하게 쏟을 수 있느냐가 중요할 따름입니다. 기도로 치유를 경험하기 위해서는 상처가 드러나야만 하기 때문입니다. 상처는 드러나지 않으면 치유될 수 없습니다. 우리 심정이 카타르시스(정화)를 거치지 않으면 치유될 수 없습니다. 시편 기자는 이렇게 부르짖었습니다.
"내가 토설치 아니할 때에 종일 신음하므로 내 뼈가 쇠하였도다"(시 32:3).
다른 시에서는 이렇게 말합니다.
"그[하나님] 앞에 마음을 토하라"(시 62:8).

정신분석학자들이나 정신과 의사들이 환자를 치료할 때 사용하는 기법 가운데 소위 '상상의 안내자'를 사용하는 기법이 있습니다. 환자에게 이렇게 물어보는 것입니다.

"당신이 가장 편하게 느끼는 상대가 누구입니까? 어머니입니까? 언니입니까? 친구 가운데 그런 분이 있습니까? 내 마음에 있는 모든 것을 다 털어놓고 얘기해도 안심하고 내 비밀을 지켜 주고 들어 줄 사람이 생각나십니까? 멀리 있는 사람도 괜찮아요. 돌아가신 분도 괜찮아요. 돌아가신 어머니가 그런 분이셨습니까? 자, 여기 빈 의자가 있습니다. 어머니가 지금 여기 앉아 있다고 상상해 보십시오. 자, 이제 당신이 최근에 경험했던 그 충격, 그 아픔, 그 고통스러운 얘기를 어머니 앞에 지금 말씀해 보세요. 다 얘기하세요. 당신의 모든 것을 알아주시고 이해하시고 들어주시고 함께 아파하시는 그 분 앞에 지금 마음속의 모든 것을 털어놓으십시오."

그런데 이것이 반드시 바람직한 방법이라고 생각하지는 않습니다. 그리스도인들은 이런 방법을 사용할 필요를 느끼지 않습니다. 우리는 허구의 대상, 상상의 대상을 향해 털어놓을 필요가 없습니다. 우리에게는 살아계신 하나님이 계시기 때문입니다. 살아계신 하나님은 어떤 하나님이십니까? 우리의 기도를 들으시고 응답하시는 하나님입니다. 한나는 그 하나님께 기도했습니다.

"한나가 마음이 괴로워서 여호와께 기도하고"(10절).

"한나가 대답하여 가로되 나의 주여 그렇지 아니하니이다 나는 마음이 슬픈 여자라 포도주나 독주를 마신 것이 아니요 여호와 앞에 나의 심정을 통한 것뿐이오니"(15절).

여호와 앞에 자신의 심정을 다 털어놓았다고 했습니다.

내 아픔을 아시고 내 고통을 아시고 내 눈물을 아시고 내 괴로움을 아시고 내 절망을 아시고 내 혼돈을 아시고 내 무력함을 아시고 내 당황을 아시는 전지하신 여호와 그분 앞에 털어놓으십시오. 내 삶에 출구를 내시고 내 문제를 해결하실 수 있고 내 삶의 희망이 되어 주시고 불가능을 가능케 하시는 전능하신 여호와께 다 털어놓으십시오. 나와 더불어 같이 아파해 주시고 또 내 고통을 공감해 주시며 내 아픔을 함께 느껴 주시는 자비로우신 여호와, 사랑이신 여호와, 긍휼에 풍성하신 여호와, 그 여호와께 털어놓으십시오. 다 털어놓으십시오. 충분히 기도하십시오.

그렇다면 어떻게 기도하는 것이 충분히 기도하는 것일까요? 기도의 선배들은 이런 충고를 합니다. 내 마음속에 지금 나를 억누르는 부담감, 그 부담감이 옮겨질 때까지, 그 부담감이 없어질 때까지 기도하는 것이 충분히 기도하는 것이라고 말입니다.

한나는 얼마나 기도했습니까? 12절을 보십시오.
"그가 여호와 앞에 오래 기도하는 동안에."
기도도 충분히 해야 하듯이 사실 찬양도 많이 해야 우리 마음속에서 정말 그 찬양의 가사가 깊이 스며들어옵니다. 찬양하기가 너무 힘든 사람은 자기 신앙을 돌아보아야 합니다.

한나는 오래 기도했습니다. 마음속에 있는 것이 다 주님 앞에 쏟아져 나올 때까지, 그리고 그 마음속에 있는 모든 것이 주님 앞에 다 드러날 때까지 기도했을 것입니다.

이런 기도를 드리고 나면 치료가 시작됩니다. 전능하신 하나님, 살아계신 하나님께서 내 삶을 붙잡는 것을 다시 경험하기 시작합니다. 나는 고통 때문에 하나님 앞에 달려 갔습니다. 그렇다면 고통은 나를 하나님 앞으로 나오게 할 수 있는 축복의 통로인 줄 믿습니다.

제가 미국에서 비행기 타고 오는데 비행기 안에 갑자기 꼬마 하나가 돌아다니기 시작했습니다. 대여섯 살밖에 안 된 아주 이쁘게 생긴 소녀였는데 엄마는 한국 사람이고 아 빠는 미국 사람 같았습니다. 그런데 아주 명랑한 꼬마여서 비행기 복도에서 춤도 추고 돌아다니면서 사람들을 만져 보기도 했습니다. 저한테도 와서 볼을 만져 보더군요. 순 식간에 이 소녀는 그 비행기 안의 마스코트가 되었습니다. 아예 엄마 아빠는 잊어버리고 뒤에서 사람들과 킥킥대고 애기들도 찔러 보고 돌아다녔습니다. 그런데 참 재미있게 도, 한순간 기류가 이상해지고 기체가 흔들리기 시작하자 쏜살같이 엄마 품으로 뛰어들어갔습니다. 제가 그것을 보 고, 고통 받으면 가야 할 품이 필요하다는 것을 느꼈습니 다.

인생에서 감당하기 어려운 고통을 만날 때 달려갈 품이 있고, 모든 것을 털어놓을 수 있는 그 품이 있는 사람들은 행복한 사람들입니다. 전능하신 하나님, 전지하신 여호와, 사랑이신 하나님, 긍휼에 풍성하신 하나님, 그 하나님 앞 에 와서 자신의 심정을 토하기 바랍니다. 하나님의 치료가 임하실 것입니다. 전능하신 주님의 능력을 경험할 것입니다. 고통을 극복하는 놀라운 승리를 원합니까? 심정을 토해 내는 기도를 주님에게서 배우기 바랍니다.

## 욕구를 승화시키는 기도

11절에 나온 한나의 기도는 일종의 서원기도입니다. "서원하여 가로되 만군의 여호와여 만일 주의 여종의 고통을 돌아보시고 나를 생각하시고 주의 여종을 잊지 아니하사 아들을 주시면 내가 그의 평생에 그를 여호와께 드리고 삭도를 그 머리에 대지 아니하겠나이다." 이 한나의 기도가 그저 "하나님, 아들 주십시오" 하는 기도였다면 그것은 옛날 우리 조상들이 뒤뜰에 정한수 떠 놓고 드린 기복적 기도와 별다를 것이 없을 것입니다. 자기 필요에만 집중된 기도는 기복적 기도입니다. 그런데 한나의 기도는 그런 기도가 아니었습니다.

　기복적 기도, 자기 욕심과 욕망에만 뿌리박고 있는 기도는 하나님이 기뻐하시는 기도가 아닙니다. 왜 그럴까요? 대부분의 인생에서 경험하는 고통은 사실 욕심과 관련됩니다. 내 욕심이 충족되지 못해서, 내 욕심대로 되지 않아서 좌절하고 고통 받는 것입니다. 그런데 우리의 기도가 욕심의 한 표현이고 그 욕심만 증가시키는 것이라면 하나님이 기뻐하시겠습니까? 하나님은 그런 기도는 응답될 수 없다고 말씀하십니다.

"구하여도 받지 못함은 정욕으로 쓰려고 잘못 구함이니라"
(약 4:3).

자기 욕심을 따라 하는 기도는 하나님께서 기뻐하시지 않습니다. 그렇다면 자기의 필요를 위한 기도는 하지 말아야 할까요? 그것은 아닙니다. 어떤 사람들은 기복적인 기도를 비판한 나머지 아예 "나는 나의 필요를 위해서는 기도하지 않는다"고 하는데 이들은 대부분 기도하지 않는 사람들입니다. 또다른 극단으로 나가는 사람들입니다. 나는 여전히 내 필요를 주님 앞에 아뢸 수 있습니다. 그러나 내 필요, 내 욕구를 승화시킬 수 있어야 합니다. 다시 말해 내 필요가 하나님의 필요와 연결되어야 합니다.

예수님은 기도를 가르치면서 "너희가 내 이름으로 무엇을 구하든지"(요 14:13)라는 말씀을 통해 무엇이든 기도 제목이 될 수 있고 무엇이든 기도할 수 있음을 보여 주셨습니다. 기도 영역을 제한하시지 않았습니다. "너희가 내 이름으로 무엇을 구하든지 내가 시행하겠다"고 하셨습니다. 이렇게 응답하시는 이유는 "아버지로 하여금 아들을 인하여 영광을 얻으시게 하려 함이라"고 했습니다. 삶의 목적이 하나님의 영광임을 믿습니까? 우리의 존재 목적이 하나님의 영광임을 믿습니까? 기도의 목적도 하나님의 영광입니다. 그렇다면 우리가 기도할 때 그 기도는 하나님의 영광과 연결되어야 합니다.

한나는 그런 기도를 드린 것입니다. 아들 달라고만 기도한 것이 아니라 아들을 주시면 하나님 앞에 바치고 머리에 삭도를 대지 않겠다고 했습니다. 이것은 헌신의 표시입니다. 한나는 "주님 앞에 온전히 이 아들을 드리겠습니다. 정말 하나님 나라를 위해 필요한 일꾼으로 내가 책임지고 기도하고 키워 보겠습니다. 이 역사와 인류 사회를 위해 공헌할 수 있는 정말 필요한 인물, 하나님 나라에 쓰임 받는 인물로 키워 보겠사오니 하나님, 아들을 주십시오"라고 기도하지 않았습니다. 또 "하나님, 아들 주시면 브닌나에게 복수하겠습니다"라고 기도하지도 않았습니다. 만약 그런 욕심으로 기도했다면 하나님이 기뻐하셨겠습니까? 한나의 기도는 승화되고 있었습니다.

우리가 진정 드려야 할 기도는 하나님의 필요와 연결된 기도여야 합니다. 무엇이든 기도할 수 있지만 그 기도를 승화시켜 보십시오. 참된 기도는 기도 내용 자체의 응답을 받게 할 뿐 아니라 기도 가운데 내가 변화되는 복을 누리게도 합니다. 기도하면서 하나님이 기뻐하시는 사람, 하나님의 마음에 합당한 사람으로 변할 수 있습니다. 진정한 기도는 우리에게 하나님의 필요와 하나님의 영광을 보게 하며 그 하나님의 뜻에 합당한 사람이 되도록 우리 기도를 승화시켜 주기 때문입니다.

주님이 기뻐하시는 기도의 삶, 고통 가운데서도 고통을 넘어서는 새로운 창조와 하나님의 능력과 영광을 맛보는 기도의 삶을 사모합니까? 내 욕구를 승화시켜 하나님의 영광을 위해 기도하는 훈련을 하시기를 바랍니다.

"너희는 먼저 하나님의 나라와 그의 의를 구하라"고 했습니다. 그러면 "좋은 신랑 주시옵소서" 하고 기도해도 될까요? 물론 기도해야 합니다. 하지만 나도 본때 있게 살아보려는 마음으로 기도하면 그것은 욕심입니다. "정말 우리 부부가 함께 수종 들고 하나님이 기뻐하시는 삶을 살 수 있도록 나에게 가장 필요한, 하나님의 뜻에 합당한 남편을 주시옵소서"라고 기도해야 옳습니다. 자기 욕구를 승화시키는 기도를 주께서 우리에게 가르쳐 주시기를 바랍니다.

## 응답을 확신하는 기도

우리가 기도할 때 마음의 밑바탕에 상당한 욕심을 깔아 놓고 기도한다면 기도의 응답을 확신할 수 있을까요? 양심이 있다면 '이런 기도도 응답하실까' 하는 생각이 들 것입니다. 그러면 틀림없이 안 이루어집니다. 기도하다 보면 마음속에 하나님이 이 기도 기뻐하실 것 같다는 감이 잡힙니다. 하나님이 이 기도 응답하실 것 같다, 주님이 틀림없이 이런 기도는 들으신다는 확신이 임하는 것입니다.

한나도 그런 기도를 드렸을 것입니다. 그 증거를 본문에서 찾아볼 수 있습니다.

"엘리가 대답하여 가로되 평안히 가라 이스라엘의 하나님이 너의 기도하여 구한 것을 허락하시기를 원하노라"(17

절).

그러자 한나는 "가로되 당신의 여종이 당신께 은혜 입기를 원하나이다 하고 가서 먹고 얼굴에 다시는 수색이 없으니라"(18절)는 반응을 보였습니다. 근심이 다 떠나고 얼굴에 기쁨과 빛이 충만했습니다.

그런데 아들이 주어졌습니까? 임신의 기미가 보였습니까? 전혀 아니었습니다. 그런데도 한나는 이미 기뻐했습니다. 근심은 떠났고 얼굴은 빛으로 충만했습니다. 이미 승리의 터전에 선 사람이었습니다. 내가 기도한 결과가 삶의 장(場)에 임하지 않았어도 하나님이 이 기도를 들으신다고 응답을 확신한 사람은 인생의 발걸음이 이미 승리의 자리에 선 줄로 믿습니다.

슬픔과 근심은 떠났습니다. 기쁨이 임했습니다. 빛으로 충만했습니다. 주님 앞에 정말 엎드려서 기도 응답을 확신하고 일어서는 사람을 보십시오. 오랜 기도, 눈물의 기도를 드렸습니다. 그러나 주께서 마침내 성령으로 그 마음속에 임재하시고 그 마음속을 씻어 주사 새롭게 하시고 기도 응답의 확신을 주셨을 때 자리에서 일어나는 사람들을 보십시오. 빛으로 충만합니다.

"어떻게 하면 좋습니까? 해결해 주시옵소서. 예수님의 이름으로 기도합니다"라고 열심히 기도하고서도 눈뜨고 돌아서서는 "이것을 또 어떻게 해결하지?" 하며 걱정하는 사람들은 언제까지나 제자리에서 헤맬 것입니다.

참으로 응답받는 기도는 그 응답을 확신하고 드리는 기도입니다. 그래서 사도 야고보는 "오직 믿음으로 구하고 조금도 의심하지 말라 의심하는 자는 마치 바람에 밀려 요동하는 바다 물결 같으니"(약 1:6)라고 했습니다. 예수께서도 "무엇이든지 기도하고 구하는 것은 받은 줄로 믿으라 그리하면 너희에게 그대로 되리라"(막 11:24)고 하셨습니다.

러시아에 유학온 한국 학생들을 위한 집회를 인도한 적이 있습니다. 그런데 러시아에 가 있는 우리 유학생들이 러시아 학생들을 집회에 데리고 왔습니다. 할 수 없이 러시아 학생들을 위한 집회를 따로 했는데 재미있었습니다. 러시아에서는 요즘 유행하는 말이 "아무것도 믿을 수 없다"라고 합니다. 정부도 믿을 수 없다, 옐친도 믿을 수 없다, 경찰도 믿을 수 없다는 것입니다. 경찰이 다 도둑이고 강도랍니다. 제가 아는 선교사도 경찰한테 잡혀서 딱지 떼나 했더니 옆에 타라고 하면서 돈 내놓으라고 하더랍니다. 돈 없다고 하니까 죽인다고 했답니다. 경찰이 그 모양이니 아무도 믿을 수 없다는 게 당연합니다. 그래서 제가 러시아 학생들한테 "아무것도 믿을 수 없다는 말이 유행이라면서요?"라고 물었더니 그들이 씩 웃었습니다.
"여러분, 이런 사회에 살면서 여러분이 할 수 있는 좋은 일이 있습니다. 아무것도 믿을 수 없다고 하거든 이렇게 전도하면 되지 않습니까? 그렇기 때문에 하나님을 믿으십시오라고 말입니다."

그랬더니 러시아 학생들이 "아민!"이라고 대답했습니다. 아멘이 러시아어로는 아민이랍니다.

기도 응답을 확신해야 합니다. 그런데 우리가 기도하는 대로 하나님이 응답하실 때도 있지만 그대로 응답되지 않을 때도 있습니다. 하지만 그렇다고 해서 기도가 응답 안 된 것은 아닙니다. 나보다 나를 더 잘 아시는 하나님은 때때로 내 생각보다 더 좋은 방법으로 응답하기 위해 다르게 응답하실 때도 있습니다. 그것도 응답인 줄 믿기 바랍니다.

제가 전도사 시절에 한번은 저 용인 어느 시골 교회에서 부흥회 초청을 받았습니다. 전도사가 부흥사로 초청받아서 두렵고 떨리는 마음으로 열심히 말씀 준비하고 열심히 기도했습니다. 그리하여 부흥회를 인도하는데 첫날 저녁에 비가 왔습니다. 그런데 지붕이 시원치 않아서 비가 여기저기 떨어지길래 "여러분, 기도하십시다, 비가 멎도록. 여호수아가 태양아 머무르라 했을 때 태양이 머물렀습니다. 우리가 기도 열심히 하면 이 비가 그칠 것입니다. 다 같이 통성으로 비가 멈출 수 있도록 기도하십시다"라고 인도했습니다. 그런데 기도하면 할수록 비가 더 왔습니다. 당황스러웠습니다. 이렇게 해 놓고 비가 더 오면 내 체면이 어떻게 되겠습니까? 그래서 중간에 기도를 슬쩍 바꿨습니다. "여러분, 비가 계속 오더라도 부흥회에 지장이 없도록 해 달라고 기도하십시오."

하나님 앞에 살짝 도를 낮춰 기도드린 것입니다. 그런데 설교를 시작하려 하는데 이상한 일이 벌어졌습니다. 비는 그치기는커녕 세차게 더 오고 있었는데 갑자기 사람들이 저쪽에서 마구 들어왔습니다. 그 교회 전도사님도 놀라고 성도들도 놀랐습니다. 알고보니 그때가 농번기라 다들 열심히 일하고 있었는데 비가 너무 와서 일을 못하니까 다들 손을 놓고 "교회 가자, 부흥회 가자" 해서 그 동네 사람들이 다 온 것이었습니다. 그래서 그날 밤에 놀라운 일이 일어났습니다. 많은 사람들이 예수 믿고 주님 앞으로 돌아왔습니다. 그때 저는 "비가 그쳤으면 큰일 날 뻔했다. 하나님은 나보다 더 잘 아시는구나" 하고 생각했습니다.

내가 기도한 대로 응답되지 않아도 나보다 나를 더 잘 아시는 하나님의 주권 속에서 선히 응답될 줄 믿기 바랍니다. 사무엘하 12장을 보면 다윗이 밧세바라는 여인을 아내로 맞이해서 아들을 낳았습니다. 불륜의 아들이었습니다. 하나님이 다윗을 책망하기로 단단히 작정하셨는지 그 아들이 병들었습니다. 그래서 다윗은 고쳐 달라고 기도했습니다.
"다윗이 그 아이를 위하여 하나님께 간구하되 금식하고 안에 들어가서 밤새도록 땅에 엎드렸으니"(삼하 12:16).

결국 다윗이 기도했던 대로 응답됐습니까? 아니었습니다. 그 아이는 죽었습니다. 그런데 그 다음 다윗이 보여 준 반응이 아주 흥미롭습니다.

"다윗이 땅에서 일어나 몸을 씻고 기름을 바르고 의복을 갈아입고 여호와의 전에 들어가서 경배하고 궁으로 돌아와서 명하여 음식을 그 앞에 베풀게 하고 먹은지라"(20절).

참 이상하지요? 우리 같으면 "하나님, 어쩌자고 데려가십니까? 내가 금식까지 하고 기도했는데"라며 원망했을 텐데 다윗은 하나님을 전혀 원망하지 않았습니다. 대신 어떻게 했습니까? 몸을 정결케 하고 하나님을 경배했습니다. 그리고 잔치를 시작했습니다. 그러니 옆에 있는 사람들이 이해가 되겠습니까? 우리도 이해가 안 되는데 말입니다.

"신복들이 왕께 묻되 아이가 살았을 때에는 위하여 금식하고 우시더니 죽은 후에는 일어나서 잡수시니 어찜이니이까"(21절).

이제 다윗의 대답을 들어 보십시오.

"가로되 아이가 살았을 때에 내가 금식하고 운 것은 혹시 여호와께서 나를 불쌍히 여기사 아이를 살려 주실는지 누가 알까 생각함이어니와"(22절).

다윗은 응답을 확신하고 기도한 것이 아니었습니다. "혹시, 하나님이 나를 불쌍히 여기시고 살려 주실까" 하는 마음에서 매달린 것이었습니다. 그러나 다윗은 하나님이 그 아이를 데려가시자 즉각적으로 하나님의 뜻을 알아차렸습니다.

"하나님은 다른 방법으로 내 기도에 응답하시는구나."

하나님의 주권 속에 이 아이를 데려가시는 것이 그분의 최선이라는 생각이 들자 다윗은 하나님을 원망하기보다 현실을 하나님의 뜻으로 수용하고 기뻐하며 감사했습니다. 그리고 다윗은 일어나 용서받은 자로 새로운 삶을 시작했습니다.

우리가 기도할 때 어떤 기도든 하나님이 응답하심을 믿기 바랍니다. 때로는 내가 기대한 쪽으로 응답되지 않아도 여전히 전능하신 하나님을 신뢰하고 찬양하기 바랍니다. 나보다 더 선하게 내 필요를 아시고 내 삶을 사용하시는 하나님, 우리가 기도할 때 자신의 주권 가운데 내 삶에 그분이 역사하실 것을 믿기 바랍니다. 그때 하나님은 새로운 일을 시작하십니다. 이런 사람을 하나님은 영광스러운 축복의 도구로 사용하실 것입니다.

어떤 고통이 오늘 당신의 마음을 짓누르고 있습니까? 절망합니까? 아니면 기도합니까? 어떻게 기도합니까? 전능하신 여호와, 전지하신 여호와 앞에 나오십시오. 내 심정을 다 그분 앞에 털어놓으십시오. 그분의 도우심을 구하십시오. 그리고 하나님의 영광을 위해 살도록 기도하십시오. 내 욕구를 승화시키는 기도를 하십시오. 하나님의 뜻을 따라 기도할 때 주님의 뜻이 이루어질 것입니다. 기도를 통해 하나님의 뜻 가운데 붙잡혀 쓰임 받는 찬란한 인생의 새로운 모습을 보는 것, 고통 중에 일어나 우뚝 서서 전능자 하나님을 의뢰하고 그 손에 붙들려 살아가는 것, 이 기도의 축복이 당신에게 임하기를 바랍니다.

어떤 고통이 오늘 당신을 짓누르고 있습니까? 마음에 무거움이 있습니까? 눌림이 있습니까? 예배드리면서도 마음에서 떠나지 않는 어떤 고통이 있습니까? 조용히 가슴에 손을 얹어 보세요. 그리고 이렇게 기도하세요.

"하나님, 내 마음을 주님 앞에 엽니다. 투명하게 엽니다. 성령님이 임하셔서 나를 치료하시고 나를 새롭게 하시고 치유해 주옵소서."

우리가 주님 앞에 정말 마음을 열고 기도할 때 한순간 가슴이 뻥 뚫리는 것처럼 주님의 자유와 성령이 임하십니다. 살아계신 하나님 앞에 내 고통의 문제를 아뢰면서 주님의 치유와 응답을 구하십시오.

## 창조적 기도 생활을 위한 토의와 훈련

1. 오늘 나의 삶에서 견디기 어려운 고통의 문제는 무엇입니까?

2. 한나의 기도의 특성들을 요약해 보십시오.

3. 기도 응답을 우리가 확신해야 하는 이유는 무엇입니까?

4. 욕구를 승화시키는 기도를 어떻게 할 수 있습니까?

5. 심정을 토하는 기도를 지금 드려 보십시오.

# 4

# 솔로몬의 기도

❋  ❋  ❋

## 열왕기상 3장 4~15절

"이에 왕이 제사하러 기브온으로 가니 거기는 산당이 큼이라 솔로몬이 그 단에 일천 번제를 드렸더니 기브온에서 밤에 여호와께서 솔로몬의 꿈에 나타나시니라 하나님이 이르시되 내가 네게 무엇을 줄꼬 너는 구하라 솔로몬이 가로되 주의 종 내 아비 다윗이 성실과 공의와 정직한 마음으로 주와 함께 주의 앞에서 행하므로 주께서 저에게 큰 은혜를 베푸셨고 주께서 또 저를 위하여 이 큰 은혜를 예비하시고 오늘날과 같이 저의 위(位)에 앉을 아들을 저에게 주셨나이다 나의 하나님 여호와여 주께서 종으로 종의 아비 다윗을 대신하여 왕이 되게 하셨사오나 종은 작은 아이라 출입할 줄을 알지 못하고 주의 빼신 백성 가운데 있나이다 저희는 큰 백성이라 수효가 많아서 셀 수도 없고 기록할 수도 없사오니 누가 주의 이 많은 백성을 재판할 수 있사오리이까 지혜로운 마음을 종에게 주사 주의 백성을 재판하여 선악을 분별하게 하옵소서 솔로몬이 이것을 구하매 그 말씀이 주의 마음에 맞은지라 이에 하나님이 저에게 이르시되 네가 이것을 구하도다 자기를 위하여 수(壽)도 구하지 아니하며 부(富)도 구하지 아니하며 자기의 원수의 생명 멸하기도 구하지 아니하고 오직 송사를 듣고 분별하는 지혜를 구하였은즉 내가 네 말대로 하여 네게 지혜롭고 총명한 마음을 주노니 너의 전에도 너와 같은 자가 없었거니와 너의 후에도 너와 같은 자가 일어남이 없으리라 내가 또 너의 구하지 아니한 부와 영광도 네게 주노니 네 평생에 열왕 중에 너와 같은 자가 없을 것이라 네가 만일 네 아비 다윗의 행함같이 내 길로 행하며 내 법도와 명령을 지키면 내가 또 네 날을 길게 하리라 솔로몬이 깨어 보니 꿈이더라 이에 예루살렘에 이르러 여호와의 언약궤 앞에 서서 번제와 수은제를 드리고 모든 신복을 의하여 잔치하였더라"

❋  ❋  ❋

요즘 뉴욕 타임스 베스트셀러로 소개됐고 한국어로도 번역된 『마음을 열어 주는 101가지 이야기』라는 책이 있습니다. 이 책에 보면 존 웨인 쉴레터라는 사람이 자기 어머니 이야기를 하고 있습니다. 이 사람의 어머니는 세상 떠나기 8시간 전에 자기 병상에 모여든 자녀들에게 유언 같은 말을 남겼습니다. 그런데 그 유언이 아주 흥미로웠습니다. 어머니가 떠나가는 마당에 자녀들은 침통한 마음으로 앉아 있었을 것입니다.

고통 중에도 잠시 의식을 차린 어머니는 입술을 열어 이렇게 말했다 합니다.

"내 사랑하는 자녀들아 내가 죽은 후 내 무덤에는 어떤 꽃도 가져오지 말아다오. 왜냐하면 나는 무덤에 없을 테니까. 나는 육체를 떠나면 곧장 유럽으로 날아갈 예정이다. 네 아빠가 밤낮 유럽 데려간다고 약속만 했다가 한번도 가지 못했잖아."

죽음 앞에서의 이 의외의 유머를 듣고 병실에서는 갑자기 환한 웃음이 터졌습니다. 어머니는 다시 자녀들을 바라보며 "내일 아침 다시 만나자" 하고 눈을 감았다고 합니다.

이런 어머니를 가리켜 '지식이 있는 어머니'라는 표현은 적합지 않습니다. 그러나 '지혜로운 어머니'라고는 할 수 있습니다. 떠나가면서도 자녀들에게 이런 아름다운 모습을 남길 수 있었던 그 어머니의 지혜가 부럽습니다.

오늘날 우리는 소위 지식의 홍수 시대를 살아가고 있습니다. 오늘 우리 시대를 가리켜서 '정보 고속도로의 시대'라는 표현을 많이 씁니다. 이런 시대에 아직도 가장 절실한 우리들의 필요가 있다면 저는 지혜라고 생각합니다. 지식은 많은데 지혜는 아직도 부족하다는 말입니다. '지혜'란 단어는 지식이란 단어와 공통점이 있지만 같지는 않습니다. 지혜는 단순한 지식이 아닙니다. 지식 이상의 것입니다. 한마디로 지혜를 정의한다면 주어진 정보를 가지고 상황을 잘 판단하는 능력이라고 할 수 있겠습니다.

저는 성경에 나타난 가장 지혜로운 사람의 얘기를 하려고 합니다. 이 사람은 솔로몬입니다. 그는 잠언 3,000을 말했고 노래 1,005곡을 지었습니다. 정치, 사회, 동식물학, 법률학에까지 통달했다고 합니다. 또한 병거 1,400대를 친히 제작했고 마병을 12,000명을 거느린, 군사 전략에서도 탁월한 지혜를 가진 사람이었습니다.

부인은 몇 명이었습니까? 성경에 보면 후비만 700명, 빈장은 300명이었다고 합니다(왕상 11:3). 이것만 봐도 굉장히 지혜로운 사람입니다. 한 명 거느리기도 힘든데 천 명을 어떻게 거느렸을까 생각해 보십시오. 그는 굉장히 지혜로운 사람이었습니다.

솔로몬은 어떻게 지혜로운 사람이 되었을까요? 그는 기도로 지혜로운 사람이 되었습니다. 그러면 어떻게 기도했길래 그런 지혜의 사람이 되었을까요? 오늘날 우리는 솔로몬의 부귀와 영화와 그 지혜를 부러워합니다. 그러나 그의 기도를 부러워하는 사람은 많지 않습니다. 솔로몬의 지혜가 바로 그 기도에서 나온 것인데도 말입니다. 지혜는 너무도 중요합니다.

사도행전 6장에서도 주님을 섬기는 일꾼들에게 요구되는 자격으로 두 가지가 강조되었습니다. 바로 성령과 지혜였습니다.

도대체 솔로몬은 어떤 기도를 했길래 그런 놀랍고도 탁월한 지혜의 삶을 살 수 있었을까요? 본문은 그의 기도의 특성을 세 가지로 보여 줍니다.

## 지속적인 기도

솔로몬은 결정적인 필요의 순간 혹은 위기의 순간에만 기도한 사람이 아니었습니다. 어느 날 솔로몬은 자기가 왕이 되어 이 왕이라는 막중한 국가 최고 수반의 책임을 수행하려면 지혜가 필요하다 생각했을 것이고, 따라서 그는 기도했습니다. 그러나 우리가 관심을 갖고자 하는 것은 솔로몬이 왕이 되기 전에도 기도했다는 사실입니다. 그는 언제나 기도하는 사람이었습니다. 항상 기도했습니다.

본문 4절에서 "이에 왕이 제사하러 기브온으로 가니"라고 했습니다. 이 기브온은 예루살렘에서 서북쪽으로 약 10킬로미터 떨어진 고원 지대 언덕입니다. 현대 지명으로는

'엘집'(Eljib)인데 고고학자들이 이 지역에서 장막이라든지 놋제단을 발굴했습니다. 그것들은 솔로몬 시대의 것으로 판명되었습니다. 솔로몬이 여기서 하나님을 예배하고 기도했다는 흔적을 지금도 발견할 수 있습니다. 성경은 그가 여기서 1,000번제를 드렸다고 했습니다. 제사를 1,000번 드렸다는 말이 아니라 1,000마리의 제물을 주께 바쳤다는 것입니다. 굉장한 제물들이 주 앞에 바쳐졌습니다. 이 정도의 제물을 소화해 내는 제사를 드리려면 상당히 여러 날이 필요합니다. 솔로몬은 여러 날 계속적으로 예배하고 기도했던 것입니다.

그런데 제가 강조하려는 더 중요한 것은 3절에 있습니다.
"솔로몬이 여호와를 사랑하고 그 부친 다윗의 법도를 행하되 오히려 산당에서 제사하며 분향하더라."
솔로몬이 "산당에서 제사하며 분향했다"고 했습니다. 이것을 정확히 옮기면 '계속해서 분향한다', '계속해서 예배한다', '계속해서 기도한다' 는 뜻인데 솔로몬이 이렇게 기도할 수 있었던 이유가 어디 있습니까? 3절에서 첫째로 강조된 것이 솔로몬이 여호와를 사랑했다는 사실입니다. 솔로몬은 하나님을 사랑하기 때문에 기도한 것입니다.

사랑에 빠져 보았습니까? 자꾸 만나고 싶지요? 사랑에 빠지면 시도 때도 없이 사랑하는 대상을 자꾸 만나고 싶어집니다. 마찬가지로 하나님을 사랑하는 사람이 하나님을 찾지 않을 수 있겠습니까? 솔로몬은 여호와를 사랑했습니다. 그 사랑 때문에 그는 계속 기도했습니다. 사랑은 사랑하는 대상을 향해 목마르게 합니다.

솔로몬은 계속 기도했을 뿐 아니라 그 부친 다윗의 법도를 행했습니다(3절). 솔로몬의 아버지 다윗이 아들에게 남긴 가장 값진 유산이 무엇이었습니까? 다윗의 삶에서 가장 두드러진 특성은 무엇입니까? 시편에서 다윗이 쓴 시들을 보면 알 수 있습니다. 그 시들은 기도입니다. 다윗은 기도의 사람이었습니다. 또한 그 시들은 찬양입니다. 다윗은 찬양의 사람이었습니다. 다윗이 기도와 찬양의 사람이었던 것처럼 그 아들 솔로몬도 기도와 찬양을 즐겨했던 모습을 여기서 볼 수 있습니다. 부전자전(父傳子傳)입니다.

그런데 우리가 여기서 강조할 것은 솔로몬의 기도나 솔로몬의 예배가 딱 한 번씩만 행해진 일회용이 아니었다는 것입니다. 새해 벽두에 사람들은 소원 성취를 위해 한두 번 기도합니다. 그러나 하나님이 자기에게 주신 비전과 꿈을 갖고 1년 내내 기도하는 사람은 얼마나 될까요?

지혜가 필요하십니까? 기도하십시오. 부족한 제 경험입니다만 열심히 진지하게 기도하다 떠오른 아이디어나 생각은 거의 잘못되는 일이 없었습니다. 그러나 즉흥적인 생각이나 아이디어는 실패하기 일쑤였습니다. 제가 예수 믿고 하나님의 백성이 된 후의 제 생애를 돌이켜 보면서 감히 이런 간증을 드릴 수 있습니다. 기도 중에 주신 생각, 이것은 잘못되는 일이 없습니다. 솔로몬의 엄청나고 탁월한 삶, 그 시대가 흠모했고 그 시대의 모든 열방 지도자들이 흠모했던 놀라운 지혜, 그것은 그의 기도 생활에서 나온 것이었습니다. 그는 지속적으로 기도했습니다. 지혜로운 삶을 구하십니까? 지속적으로 기도하기 바랍니다.

## 겸손한 기도

솔로몬의 기도 생활은 겸허했습니다. 사람들이 왜 기도하지 않을까요? 여러 이유가 있겠지만 가장 중요한 것은 겸손하지 않기 때문입니다. 왜 기도가 부족할까요? 겸손이 부족하기 때문입니다. 기도는 겸허한 사람들의 몫이라 할 수 있습니다. 자기의 부족함을 아는 사람, 자기 한계와 연약함을 아는 사람이라면 "오, 하나님 도와주시옵소서"라며 도움을 구하지 않을 수 없습니다. 자기 연약과 자기 무지(無知)를 모르기 때문에 사람들은 기도의 필요성을 느끼지 않는 것입니다.

솔로몬의 고백을 들어 보십시오. 그가 얼마나 겸허한 사람이었는가를 알 수 있습니다.

"나의 하나님 여호와여 주께서 종으로 종의 아비 다윗을 대신하여 왕이 되게 하셨사오나 종은 작은 아이라 출입할 줄을 알지 못하고"(7절).

솔로몬은 왕이 되었지만 기도하는 가운데 이렇게 고백합니다.
"나의 하나님 여호와여 주께서 종으로."
자기 자신을 종으로 자처합니다.

교회의 일꾼들도 다 종입니다. 장관도 대통령도 종입니다. 국민들의 종입니다. 공무원들은 공복(公僕)입니다. 이런 종 의식, 공복 의식은 기독교 사상에 근거한 것입니다. 기독교 사상이 서구 문명에 기여한 것 중 하나가 통치자들은 다 종이라는 생각입니다. 대통령이 종 노릇 하려고 해야지 지배자가 되려고 하면 나라가 잘못됩니다.

한국 교회에서는 주의 종을 섬겨야 한다는 애기들을 많이 하는데 사실 그것처럼 잘못된 말이 없습니다. 종은 섬김을 받는 자가 아니라 섬기는 자입니다. 목자가 양을 섬기는 것이지 양이 목자를 섬기는 것이 아닙니다. 목회자와 제직들은 종으로서 교우들을 잘 섬기도록 세움 받은 사람들입니다.

유교적 영향을 받은 우리 한국 사회 구조는 종이라는 개념 자체를 계급화시켰습니다. 우리 목사들을 부르는 호칭 가운데 "주의 종님"이라는 말이 있습니다. 그 소리가 싫은 것은 아니지만 늘 부담스럽게 들립니다. 그런데 이 호칭에서 "주"(主)에는 "님"자가 안 붙고 "종"에만 "님"자가 붙어 있습니다. 사실 "주님의 종놈"이 정확한 호칭입니다. 종은 잘 섬겨야 합니다.

그런데 섬기는 데는 지혜가 필요합니다. 지혜 없이는 이 사명을 감당할 수 없기 때문입니다. 종으로서 책임을 다하고자 했던 솔로몬은 지혜 없는 자신의 연약함을 절감했습니다. 그는 자신을 종으로 말할 뿐 아니라 "아이"라고까지 했습니다.

"작은 아이라."

도대체 솔로몬이 몇 살이나 됐길래 스스로를 작은 아이라고 했을까요? 랍비 문학서에 보면 솔로몬이 왕이 됐을 때 열두 살이라는 기록도 있고 유대 역사가 요세푸스의 글에는 열네 살이라는 기록도 있습니다. 그러나 유명한 구약학자 델리취라는 학자를 비롯한 대부분의 구약학자들의 견해에 따르면 아마도 왕이 됐을 때 솔로몬은 20대 초반이었을 것이라고 합니다. 그 당시 20대 초반이면 적지 않은 나이였습니다. 그런데도 솔로몬은 자신을 작은 아이에 불과하다고 고백합니다.

뿐만 아니라 "나는 작은 아이이고 출입할 줄을 모른다"고 했습니다. 무슨 얘기입니까? 자신은 어떻게 처신해야 할 줄 모르는 사람이라는 뜻입니다. 20대 초반의 젊은이로서 이런 고백을 했다면 이것은 젊은이답지 않은 성숙한 고백이 아닐까요? 솔로몬은 자기가 올바로 처신할 줄 모르는 사람이니 도와달라고 하나님께 기도했습니다. 자기 무지를 아는 사람, 자기 한계와 자기 연약을 아는 사람, 이런 사람들은 엎드려 기도하게 되며 이런 사람들이 하나님 보시기에 지혜로운 사람이 될 수 있습니다.

그런데 현대인들은 너무 교만한 것 같습니다. 왜 오늘날 현대인들이 기도하지 않습니까? 자기 부족을 몰라서입니다. 자기 연약을 모르기 때문에, 자기 무지를 모르기 때문입니다. 이런 사람들이 들어야 할 복음이 있다면 "너 자신을 알라"는 소크라테스의 복음이라고 생각합니다.

소크라테스 시대의 대표적 지성인들인 이른바 소피스트들은 마치 모르는 게 없는 것처럼 행동했습니다. 이런 오만한 지식인들을 보면서 소크라테스는 마음속에 슬픔을 느꼈습니다. 그래서 그들과 자신의 차별성을 강조하기 위해 이런 말을 했습니다.

"저 사람들은 아무것도 모르면서 자기가 모르고 있다는 사실조차 모른다. 내가 저 사람들과 다른 것이 하나 있다면 나는 내가 모른다는 사실만은 안다는 것이다. 너 자신을 알라."

국어 선생 같으면 "네 주제를 알라", 수학 선생 같으면 "네 분수를 알라", 지리 선생 같으면 "네 자리를 알라", 미술 선생 같으면 "네 꼬라지를 알라"고 했을 것입니다.

자기 자신을 알아야 합니다. 자기 무지, 자기 한계를 알아야 합니다. 잠언 15장 33절에서 "겸손은 존귀의 앞잡이"라 했고, 베드로전서 5장 5절에서는 "하나님이 교만한 자를 대적하시되 겸손한 자들에게는 은혜를 주시느니라"고 했습니다.

가정에서, 직장에서, 교회에서, 삶의 장(場)에서 지혜로운 사람으로 살아가기 원합니까? 자신을 낮추십시오. 자기 부족, 자기 연약을 아십시오. 자기 무지를 직시하십시오. 엎드려 기도하며 주 앞에 도움을 구하기 바랍니다. 겸손한 기도의 사람이 되기 바랍니다.

솔로몬의 탁월한 지혜가 부럽습니까? 그의 기도 생활을 연구하십시오.

## 이타적 기도

솔로몬의 기도는 이타적이었습니다. 그 반대는 이기적 기도입니다. 본문에서 솔로몬의 기도의 핵심 부분이 있다면 5절입니다. 거기에는 이런 결정적 장면이 나옵니다. "기브온에서 밤에 여호와께서 솔로몬의 꿈에 나타나시니라 하나님이 이르시되 내가 네게 무엇을 줄꼬 너는 구하라." 하나님께서 "내가 너에게 무엇을 줄꼬 구하라"고 하셨습니다. 나 같으면 하나님께 무엇을 구했을까요? 사실 솔로몬이 구할 수 있는 것들은 많았습니다. 자기의 필요가 많았을 것입니다. 그러나 그는 단순히 자기 이익을 위한 기도는 하지 않았습니다.

바로 여기에 하나님의 종교, 여호와의 종교인 기독교와 다른 모든 이방 종교의 차별성이 있다고 생각합니다. 대부분의 이방 종교에도 기도가 있지만 그 기도는 기복적 성격을 벗어나지 못합니다. 자기 욕망이나 소원을 위해 기도하

지 않는 종교인들은 없습니다. 그러나 기독교 신앙의 독특
성은 하나님 나라를 위해 기도하도록 가르침 받는다는 것
입니다.

불행하게도 오늘날 소위 이 땅의 그리스도인들의 기도 생
활조차도 '자기'(自己)라는 영역을 벗어나지 못합니다. 이
방 종교처럼 기복적 종교로 변질하는 모습을 볼 수 있습니
다. 자기 자신을 위해 기도하지 말라는 것은 아닙니다. 그
러나 자기 자신을 위해 기도해도 그 기도의 차원이 달라야
합니다.

솔로몬은 지금 자기에게 필요한 지혜를 구하고 있습니다.
그러나 그것은 궁극적으로 자신을 위해서가 아니었습니다.
"누가 주의 이 많은 백성을 재판할 수 있사오리이까 지혜
로운 마음을 종에게 주사 주의 백성을 재판하여 선악을 분
별하게 하옵소서"(9절).
솔로몬은 자기에게 주어진 사명을 수행하고 하나님이 맡기
신 백성을 잘 섬기기 위한 지혜를 구했습니다. 결국 하나
님은 지혜를 주셨습니다. 그리하여 그 유명한 솔로몬의 재
판 사건에서 그는 탁월한 지혜를 발휘했습니다(왕상
3:1~28).

## 하나님의 응답

솔로몬의 기도에 하나님이 어떻게 응답하십니까? 13절을
보십시오.

"내가 또 너의 구하지 아니한 부(富)와 영광도 네게 주노니 네 평생에 열왕 중에 너와 같은 자가 없을 것이라."
하나님께서는 부와 영광까지도 주셨습니다. 또 "네가 만일 네 아비 다윗의 행함같이 내 길로 행하며 내 법도와 명령을 지키면 내가 또 네 날을 길게 하리라"(14절)고 하셨습니다. 장수와 건강도 주신 것입니다. 구하지 않은 삶의 일상적 필요도 아시고 다 채워 주셨습니다.

하나님은 우리의 필요에 무관심한 분이 아닙니다. 그러나 구할 것을 먼저 구해야 합니다. 솔로몬이 응답받은 사건을 보면서 생각나는 유명한 신약성경의 구절이 없습니까?
"너희는 먼저 그[하나님]의 나라와 그의 의(義)를 구하라 그리하면 이 모든 것(일상 생활에 필요한 모든 것)을 너희에게 더하시리라"(마 6:33).
하나님의 나라와 의를 구한다는 것은 무엇입니까? 하나님 나라의 핵심은 하나님 나라의 백성입니다. 하나님의 일은 하나님의 백성들을 섬기는 일입니다.

한국 기독교는 신앙의 수직적 차원과 수평적 차원의 괴리를 극복해야 하는 중요한 과제를 안고 있습니다. 일반적으로 한국 교인들이 갖고 있는 하나님에 대한 수직적 충성심은 상당합니다. 열심히 하나님을 섬기고 충성을 고백하고 하나님을 향해 드리고자 하는 마음이 있습니다. 그러나 결정적으로 부족한 취약점이 있다면 수평적 차원입니다. 이웃들을 섬기는 것을 잘하지 못합니다. 이웃들을 섬기고 돌아보고 인간 관계를 잘하는 것은 수직적 차원인 하나님과의 관계와 무관하다 생각합니다. 그러나 그것은 성경적인 시각이 아닙니다. 성경에서는 지극히 작은 자 하나에게 한 것이 바로 주님께 한 것이라고 말씀합니다. 하나님의 일이 무엇입니까?

"하나님이 세상을 이처럼 사랑하사"(요 3:16).

하나님께서 세상 사람들을 사랑하고 구원하기 위해 자기 아들을 보내셨습니다. 그러므로 하나님이 사랑하신 사람들을 나도 사랑하고, 하나님이 관심을 가지신 사람들에게 나도 관심을 갖고, 연약한 사람들을 돌보고, 복음을 모르는 사람들에게 복음을 전하고 그들을 세워 주는 것이 하나님의 일입니다.

그래서 저는 주일학교 교사들이 귀하다고 생각합니다. 하나님이 사랑하시는 어린 한 생명에게 하나님을 알 수 있도록 깨우치고 가르치고 그 사람의 인격과 삶을 세워 나가는 일, 참 고귀합니다. 한 구역을 담당한 사람들이나 제직들도 마찬가지입니다. 맡겨 주신 귀한 영혼들을 섬기고 돌보는 일, 너무나 귀한 일입니다. 우리 모두 섬기기 위해 세우심 받은 줄로 믿습니다.

제가 서두에서 존 웨인 쉴레터라는 사람의 어머니 얘기를 했는데 이 어머니 얘기는 거기서 끝나지 않습니다. 이 어머니는 돌아가시면서 작은 메모 하나를 남겼습니다. 그 메모에는 어머니가 남긴 유언 같은 시가 기록되어 있는데 그

시가 굉장히 감동적입니다.

"내가 죽은 후 나 때문에 울고 싶다면 사랑하는 아이들아 너희 곁에 있는 형제들을 위하여 울어다오. 너희의 두 팔을 들어 나를 껴안고 싶거든 내게 주고 싶은 바를 네 형제들에게 베풀어다오. 아이들아 나를 만나고 싶거든 내가 알았던 그리고 내가 사랑했던 사람들 속에서 나를 찾아다오. 너희가 어미 없이 살 수 없다고 느끼거든 나로 하여금 너희의 눈, 너희의 마음, 너희의 친절한 행동 속에 살게 해다오. 사랑은 죽지 않는 것. 그러므로 나를 대신해 내 사랑을 너희 이웃들에게 베풀어다오."

이것이 바로 성경적 삶입니다.

하나님을 제대로 섬기면서 하나님의 영광을 위해 살기 원합니까? 하나님이 맡겨 주신 주변 사람들을 잘 섬기기 원합니까? 그러나 나는 내 연약성을 압니다. 내 한계를 압니다. 내 부족함을 압니다. 그렇다면 내 부족함과 연약성과 한계를 가지고 엎드려 주님의 지혜를 구하는 사람들이 되십시오. 주님 주신 지혜로 멋지게 이웃들을 섬겨 가며 더불어 함께 아름다운 삶을 누리기를 바랍니다.

## 창조적 기도 생활을 위한 토의와 훈련

1. 지식과 지혜의 차이는 무엇입니까?

2. 겸손과 기도는 어떤 상관 관계가 있습니까?

3. 솔로몬의 기도의 특성을 정리해 보십시오.

4. 나의 기도 생활은 이타적인 것과 이기적인 것 사이에 어디로 기울어져 있는지 나누어 보십시오.

5. 이타적인 기도만을 앞으로 10분 동안만 드려 보십시오.

# 5

# 다윗의 기도

❋　❋　❋

## 역대상 29장 10~17절

"다윗이 온 회중 앞에서 여호와를 송축하여 가로되 우리 조상 이스라엘의 하나님 여호와여 주(主)는 영원히 송축을 받으시옵소서 여호와여 광대하심과 권능과 영광과 이김과 위엄이 다 주께 속하였사오니 천지에 있는 것이 다 주의 것이로소이다 여호와여 주권도 주께 속하였사오니 주는 높으사 만유의 머리심이니이다 부(富)와 귀(貴)가 주께로 말미암고 또 주는 만유의 주재가 되사 손에 권세와 능력이 있사오니 모든 자를 크게 하심과 강하게 하심이 주의 손에 있나이다 우리 하나님이여 이제 우리가 주께 감사하오며 주의 영화로운 이름을 찬양하나이다 나와 나의 백성이 무엇이관대 이처럼 즐거운 마음으로 드릴 힘이 있었나이까 모든 것이 주께로 말미암았사오니 우리가 주의 손에서 받은 것으로 주께 드렸을 뿐이니이다 주 앞에서는 우리가 우리 열조와 다름이 없이 나그네와 우거한 자라 세상에 있는 날이 그림자 같아서 머무름이 없나이다 우리 하나님 여호와여 우리가 주의 거룩한 이름을 위하여 전(殿)을 건축하려고 미리 저축한 이 모든 물건이 다 주의 손에서 왔사오니 다 주의 것이니이다 나의 하나님이여 주께서 마음을 감찰하시고 정직을 기뻐하시는 줄 내가 아나이다 내가 정직한 마음으로 이 모든 것을 즐거이 드렸사오며 이제 내가 또 여기 있는 주의 백성이 주께 즐거이 드리는 것을 보오니 심히 기쁘도소이다."

❋　❋　❋

**고대** 중국 철학자 한 사람이 이런 말을 했습니다.
"사람이 고난을 당하면 소인(小人)일수록 현재를 생각하고 대인(大人)일수록 장래를 생각한다."
소인일수록 현재에만 몰두하고 대인일수록 장래를 생각한다는 것입니다. 확실히 인간은 고통에 직면하면 본능적으로 고통 그 자체에 빠져들게 됩니다. 그래서 어떻게 고통을 면할 수 있을까, 어떻게 고통을 피할 수 있을까에 일차적 관심의 초점을 둡니다. 그렇게 되면 우리 생(生)의 궁극적 목표나 방향을 잃어버릴 수 있습니다. 생각하는 사람은 고통이 올수록 고통 너머에 있는 생의 궁극적 목표를 생각합니다.

오래전 영국에서 신앙의 자유가 제한되던 때 국가의 허가를 받지 않고 설교했다는 이유로 감옥에 수감된 젊은이가 있었습니다. 무려 12년 동안의 감옥 생활 중에 아내 메리가 죽었습니다. 소경이었기 때문에 거지로 살던 아내가 죽자 나머지 세 자녀도 생존을 위해 싸워야 하는 고아의 처지가 되었습니다. 이런 비참한 상황 속에서도 그는 감옥에서 어느 날 이런 기도를 드렸습니다.
"하나님, 너무너무 고통스럽습니다. 그러나 주를 위해서 제가 아직도 할 일이 있을까요? 만약 제가 해야 할 그 일만 볼 수 있다면 저는 절망하지 않겠습니다."
이때 주께서 마음속에 자꾸만 이런 감동을 주십니다.
"너는 글을 써라. 나는 너에게 글 쓸 수 있는 달란트를 주었다."

기도하면서 주 앞에 엎드린 그에게 환상이 보였습니다. 주님의 나라를 향해 걸어가는 한 사람의 모습이 보였습니다. 이 사람이 바로 그 유명한 존 번연이며 이 사람이 쓴 책이 『천로역정』(*Pilgrim's Progress*)입니다.

다윗 왕의 말년도 결코 순탄하지만은 않았습니다. 우리아의 아내 밧세바와의 불륜의 범죄로 말미암아 죄의 열매를 거두어야 하는 어둠의 세월을 노년에 보냈습니다. 밧세바를 통해 낳은 아들은 7일 만에 죽었습니다. 자신의 자녀들 사이에는 반목과 갈등이 계속되었습니다. 근친상간 사건까지 일어났습니다. 사랑하는 아들 압살롬은 아버지를 향해 반역을 시도했습니다. 또 전날 자기 부하 중 한 사람이었던 시므이에게서는 "저 사람은 저주받아 마땅하다"는 손가락질을 받는 고통스럽고 고독한 노년을 보냈습니다.

그러나 다윗은 주 앞에 엎드렸습니다. 그리고 존 번연과 똑같은 기도를 했습니다.
"하나님, 제게 아직도 할 일이 있을까요?"
그때 하나님께서는 다윗의 마음속에 성전 건축에 대한 열망을 주셨습니다. 그러나 하나님은 이미 다윗 왕을 통해서는 성전을 짓지 않겠다고 말씀하셨습니다. 그래서 아들 솔로몬을 통해 성전이 세워진다면 그 성전을 통해서, 하나님을 예배하는 믿음을 통해서 이스라엘은 복된 미래를 개척해 나가리라는 소망 때문에 그는 성전 건축 준비 운동을 시작했습니다.

　그런데 이 운동을 시작한 그때가 개인적으로나 민족적으로나 아주 어려운 시기였습니다. 본문의 배경이 기록된 역대상 22장 14절을 보십시오.

"내가 「환난 중에 여호와의 전(殿)을 위하여」 금 십만 달란트와 은 일백만 달란트와 놋과 철을 그 중수를 셀 수 없을 만큼 심히 많이 예비하였고 또 재목과 돌을 예비하였으나 너는 더할 것이며."

여기 14절 첫부분에서 "환난 중에 여호와의 전을 위하여"라고 했습니다. 아주 어려운 때에, 정치적으로나 경제적으로나 개인적으로나 어려운 시기에 다윗은 하나님의 전을 건축하기 위한 준비를 시작했습니다.

　그때 먼저 그는 하나님의 백성들에게 이렇게 호소했습니다.

"금, 은 그릇을 만들며 공장(工匠)의 손으로 하는 모든 일에 쓰게 하였노니 오늘날 누가 즐거이 손에 채워 여호와께 드리겠느냐"(대상 29:5).

오늘날 누가 즐거이 손에 하나님을 향한 예물을 들고 와서 주님 앞에 드리겠냐는 것입니다. 백성들 가운데 이 일을 담당할 사람은 어디 있느냐는 것입니다. 6절은 그 응답입니다.

"이에 모든 족장과 이스라엘 모든 지파 어른과 천부장과 백부장과 왕의 사무 감독이 다 즐거이 드리되."

그 다음 9절을 보십시오.
"백성이 자기의 즐거이 드림으로 기뻐하였으니 곧 저희가 성심으로 여호와께 즐거이 드림이며 다윗 왕도 기쁨을 이기지 못하여 하니라."

　이 건축 사역이 시작되는 그리고 준비가 계속되는 과정을 성경이 묘사하면서 계속 강조하는 단어 하나가 있습니다. 바로 "즐겁게 드렸다"입니다. 다윗은 즐겁게 드리도록 호소했고 백성은 즐겁게 응답해서 즐겁게 헌신했습니다. 부담스러워하지 않고 즐거운 마음으로 드렸습니다.
　그리고 이렇게 즐겁게 주 앞에 바치는 백성들을 바라보면서 다윗은 감격을 이기지 못해 주님을 향해 감사 기도를 드렸습니다. 환난 중에도 건축 운동을 시작하면서 주 앞에 기쁨으로 드렸던 백성들, 그들을 보며 다윗이 하나님 앞에 드린 감사 기도문이 바로 본문의 내용입니다.

## 환난 중에도 즐겁게 헌신할 수 있었던 이유

다윗 시대 하나님의 백성들이 환난 중에도 주님 앞에 즐겁게 헌신할 수 있었던 이유는 도대체 어디에 있었을까요? 그들이 환난 중에도 즐겁게 드릴 수 있었던 이유 세 가지를 다윗의 기도문 중에서 발견할 수 있습니다.

　첫째로, **모든 소유가 하나님의 소유임을 철저히 깨달았기 때문입니다.**

우리가 소유한 모든 것과 우리가 누리는 삶의 모든 특권이 정말 주 하나님에게서 주어진 것임을 확신한다면, 주의 것을 주의 일을 위해 주께 드리는 것은 너무나 당연한 것 아니겠습니까? 다윗도 바로 그 사실을 고백했습니다.
"여호와여 광대하심과 권능과 영광과 이김과 위엄이 다 주께 속하였사오니 천지에 있는 것이 다 주의 것이로소이다 여호와여 주권도 주께 속하였사오니 주는 높으사 만유의 머리심이니이다 부(富)와 귀(貴)가 주께로 말미암고 또 주는 만유의 주재가 되사 손에 권세와 능력이 있사오니 모든 자를 크게 하심과 강하게 하심이 주의 손에 있나이다"(11, 12절).

내 삶에 대한 하나님의 주권, 또 내 소유에 대한 하나님의 소유권을 겸손히 인정하면서 이제 동일한 믿음과 동일한 신앙고백으로 환난 중에 주께 드린 백성들을 생각하며 이어지는 다윗의 감사 기도를 들어 보십시오.
"나와 나의 백성이 무엇이관대 이처럼 즐거운 마음으로 드릴 힘이 있었나이까 모든 것이 주께로 말미암았사오니 우리가 주의 손에서 받은 것으로 주께 드렸을 뿐이니이다"(14절).

미국 뉴욕에 「리버사이드 처치」라는 교회가 있습니다. 그곳은 관광지 가운데 하나이기도 합니다. 소위 록펠러 가족이 세운 아름다운 개신교회입니다. 이 교회는 본래 침례교회로 시작되었습니다. 그리고 개신교 교회치고는 그 건물이 품위 있고 아주 우아하고 아름답다는 느낌을 줍니다. 그런데 이 교회는 건물이 중요한 것이 아닙니다. 이 교회는 미국 정신사에서 국가와 사회에 매우 중요한 영향력을 행사했습니다.

이 아름다운 건물은 주로 록펠러 가족들의 헌신으로 세워졌습니다. 부자니까 건물 하나 짓는 게 뭐 어렵겠나 생각할지 모르지만, 하나님을 향한 일에는 언제나 믿음이 필요한 법입니다. 믿음 없이는 이런 일을 할 수 없습니다. 아름다운 건물 「리버사이드 처치」가 봉헌되던 날 사람들은 록펠러와 그 가족들의 수고를 치하했습니다. 그때 록펠러는 이런 단순한 말을 했다고 합니다.
"주께 받은 것 주께 드렸을 따름입니다."

최근에 저는 저를 미국에 초청해서 공부시켜 준 분에게서 이런 편지를 받았습니다.
"나는 이제 시력도 떨어지고 몸도 더 이상 가눌 수가 없다. 이것이 아마 너에게 띄우는 마지막 편지가 될 것이다. 나는 주님 안에 언제나 잘 있으니까 걱정하지 말아라. 나의 소망은 빨리 주님 나라에 부름 받아 영광의 주님과 함께 거하는 것이다."
대충 그런, 마치 유언 같은 편지를 저에게 보내셨습니다. 이제 90세가 넘은 이 분은 한평생 주님을 위해 자기 생애를 아낌없이 부어 바쳤던 귀한 분입니다.

한국에도 「국제 기독교 실업인회」라는 기관이 있습니다.

제게 편지를 보낸 분은 이 국제 기독교 실업인회의 회장과 총무직을 지낸 사람입니다. 한때 미국 오하이오 주에서 으뜸 가는 부자 중 한 사람이었으면서도 철저하게 검소하고 절약하는 삶을 살았습니다. 작은 집에서 한평생 살다가 은퇴 후에는 스스로 조그마한 양로원을 찾아 들어가서 지금도 거기서 사십니다. 제가 언젠가 미국을 방문했을 때 하필이면 왜 이런 양로원에 들어오셨는가 물었더니 "혼자 살면 무슨 재미가 있겠는가. 여기는 내가 방마다 다니면서 날마다 전도할 수 있고 또 회의실에서 사람들을 모아 놓고 성경공부 가르치고 예배를 인도하는데 얼마나 즐거운지 모르겠다"고 했습니다. 자신의 남은 힘을 가지고 복음 전하는 일에 쓰임 받기 위해 끝까지 자기를 드린 이 분의 삶은 저에게 너무나도 깊은 감동을 주었습니다.

또한 자신이 가진 재산의 전부를 세계 선교를 위해서 쓰거나 세계 도처의 아주 똑똑한 젊은이들을 키우는 일에 장학금으로 아낌없이 내놓으셨습니다. 그런데 너무나 검소하게 살기 때문에 제가 어떤 때는 꼭 이렇게 사실 필요가 있냐고 질문하면 그 분의 대답은 언제나 한결같았습니다. "주님의 돈인데 주를 위해서 써야지."

다윗 시대에 하나님의 백성들이 환난 중에도 주께 즐겁게 드릴 수 있었던 것은 그들의 모든 소유가 하나님의 소유임을 확신했기 때문입니다. 이와 동일한 신앙 고백과 확신이 우리 것이 되기를 기도합시다.

**둘째로, 존재의 순간성을 인식했기 때문입니다.**

다윗 당시 이스라엘 백성들은 인생이라는 존재가 얼마나 순간적으로 이 땅에 거하는지 깨닫고 있었습니다. 야고보서 기자는 "우리 인생은 잠깐 보이다가 없어지는 안개와 같다"(4:14 참조)고 말합니다. 다윗은 어떻게 말합니까? "주 앞에서는 우리가 우리 열조와 다름이 없이 나그네와 우거한 자라 세상에 있는 날이 그림자 같아서 머무름이 없나이다"(15절).
잠깐 있다가 사라지는 그림자 같다는 고백에서 그가 인생의 순간성에 대해 인식했음을 알 수 있습니다.

잠깐 있다가 없어지는 인생의 본질을 의식하게 될 때 두 가지 반응이 나올 수 있습니다. 가장 보편적인 반응은 이 허무하고 짧막한 생애에 무엇을 남길 것인가 생각하는 것입니다. 거의 대부분의 사람들은 무슨 방도로든 자기 이름을 남기기 위해 몸부림 칩니다. 그만큼 인간에게서 자기 존재를 확인하고 남기려는 본능적인 욕구는 대단합니다.
벌써 여러 해 되었다고 생각되는데 어느 청년이 방화(放火)를 했는데 그 이유가 신문에 이름을 내고 싶어서였다고 합니다. 이름에 대한 집착이 대단하지 않습니까?

한국인처럼 자기 존재와 이름에 대한 집착이 강한 사람들이 또 있을까 종종 생각하게 됩니다. 한국인들은 가는 데마다 닥치는 대로 자기 이름을 남깁니다. 제가 수년 전 스

위스를 여행하면서 유명한 인터라켄을 통해 융프라우 꼭대
기를 올라갔습니다. 아주 아름다운 산인데 그 산꼭대기에
도 한국인이 자기 이름을 남겼더라구요.
"왔노라 보았노라 가노라 한국 남자 김○○."
제가 이름까지 기억합니다. 자기 이름을 남기려는 인간의
아주 집요한 노력을 볼 수 있습니다.

그러나 다윗은 본문에서 어떤 반응을 보입니까? 그림자
같은 인생, 잠시 있다 없어질 인생, 그 인생의 남은 날을
어떻게 쓰기 원한다고 고백합니까?
"우리 하나님 여호와여 우리가 주의 거룩한 이름을 위하여
전을 건축하려고 미리 저축한 이 모든 물건이 다 주의 손
에서 왔사오니 다 주의 것이니이다"(16절).
다윗을 지배했던 중요한 삶의 동기 가운데 하나가 무엇이
었습니까?
"주의 거룩한 이름을 위하여."
그는 자기 이름을 남기는 것이 아니라 주님의 이름을 위하
여 자기 인생이 쓰여지기를 원했습니다.

내 삶의 주인이 하나님이심을 참으로 믿는다면, 참으로
고백한다면 주인 되신 하나님, 그 하나님의 이름을 위해
사는 것이 바로 그리스도인의 삶의 이유입니다. "하나님의
영광을 위하여, 하나님의 이름을 위하여" 말입니다.

일본의 유명한 신앙인이었던 우찌무라 간조 선생의 묘비

에는 그의 유언을 따라 다음과 같은 글이 새겨져 있다고 합니다.

"나는 일본을 위하여, 일본은 아시아를 위하여, 아시아는 세계를 위하여, 세계는 그리스도를 위하여."

이러한 비문은 그 분의 평소 삶의 좌우명을 대변하는 것이었습니다. 그는 성경을 가르치는 제자들에게 기회가 있을 때마다 이것을 강조했다고 합니다.

자기만을 위해 사는 사람들, 우리는 그들을 이기주의자라고 합니다. 삶의 범위가 좁습니다. 이웃을 위해 살 줄 아는 사람들, 우리는 그들을 이타주의자라고 부릅니다. 이것도 좁습니다. 민족을 위해 자기 생명을 던지는 사람들, 우리는 그들을 민족주의자라 합니다. 그러나 이 경우도 좁습니다. 민족적 이기주의 때문에 민족과 민족의 갈등이 이 땅에서 끊임없지 않습니까? 세계를 위해 사는 사람 그리고 이 세계 속의 인류를 위해 사는 사람들, 우리는 그들을 휴머니스트라고 부릅니다. 그러나 이것도 좁습니다. 이 세상과 인류를 창조하신 하나님의 영광을 위해 사는 사람들, 우리는 그들을 "그리스도인"이라 부릅니다.

"하나님의 이름을 위하여, 하나님의 영광을 위하여."

이것이 모름지기 그리스도인이 이 땅에 존재하는 삶의 동기가 되어야 마땅합니다.

모든 시대의 그리스도인들 가운데 가장 헌신적인 한 시대의 그리스도인들을 대표적으로 꼽으라면 바로 청교도들을 들 수 있습니다. 『천로역정』의 저자 존 번연도 청교도 중 한 사람이었습니다. 청교도들이 마치 신앙고백처럼 좋아했던 말이 있습니다. 그들은 만날 때마다 늘 고백처럼 이 말을 나누었습니다.

"단 한 번밖에 없는 인생, 그것은 곧 지나가리. 그리스도를 위해서 행한 모든 것만이 영원할 수 있나니."

다윗이 성전 건축을 열망했다는 것은 건물 자체에 의미를 부여해서가 아니었습니다. 그 건물이 귀한 것이 아니었습니다. 우리는 성전을 건축할 때 건물에 초점을 두는 경우가 종종 있지만 다윗은 그 성전 안에서 이루어질 일들이 영원한 일들이었기 때문에 성전 건축을 갈망했습니다. 거기서 살아 계신 하나님을 만나고 하나님의 말씀을 배우고 그 말씀을 통해 삶의 변화를 체험하여 이 세상을 바꾸는 하나님의 역사에 동참할 수 있다는 사실, 그것이 다윗에게는 바로 영원한 투자를 의미했던 것입니다. 그래서 다윗은 "우리 하나님 여호와여 우리가 주의 거룩한 이름을 위해 이 전을 건축하려고 우리에게 주신 모든 것을 기쁨으로 드렸습니다"라고 고백할 수 있었습니다.

사도 요한은 요한일서 2장 17절에서 이렇게 말합니다.
"이 세상도, 그 정욕도 지나가되 오직 하나님의 뜻을 행하는 이는 영원히 거하느니라."
그렇습니다. 우리가 이 땅에서 집착하는 모든 것 가운데 지나가지 않을 것이 어디 있습니까?

짧은 인생, 순간적인 인생, 그러기에 영원을 향한 투자가 존귀하다는 사실을 깨달은 다윗 시대 하나님의 백성들은 환난 중에도 하나님의 영원한 영향력을 이 땅에 남기기 위해 이렇게 고백할 수 있었습니다.

"이 환난 중에 즐거움과 기쁨으로 우리는 주 앞에 드리나이다."

이것이 바로 환난 중에도 기쁨으로 드릴 수 있었던 이유입니다. 즉, 존재의 순간성을 인식한 까닭이었습니다.

**셋째로, 가치 있는 꿈이 있었기 때문입니다.**

성전 건축에서 중요한 것은 건물이 아닙니다. 건물은 별로 의미가 없습니다. 여기에 하나님의 임재가 없다면 그리고 하나님이 기뻐하시는 일들이 없다면 건물은 아무런 의미를 지니지 못합니다. 이 건물 안에서 이루어질 일들이 얼마나 가치 있는 것이냐가 중요합니다.

다윗은 어디에 더 큰 관심이 있었을까요? 성전 건축에 대한 다윗의 진정한 동기를 발견하기 위해 역대상 22장을 볼 필요가 있습니다. 아들 솔로몬을 향한 유언 같은 말입니다.

"내 아들아 여호와께서 너와 함께하시기를 원하며 네가 형통하여 여호와께서 네게 대하여 말씀하신 대로 여호와의 전을 건축하며 여호와께서 네게 지혜와 총명을 주사 너로 이스라엘을 다스리게 하시고 너의 하나님 여호와의 율법을 지키게 하시기를 「더욱 원하노라」"(11, 12절).
여기서 중요한 구절이 "더욱 원하노라"입니다. 다윗이 더욱 원하는 것은 건물 자체가 아니라 건축된 성전을 통해 하나님을 예배하고 하나님의 말씀을 배우고 그 말씀대로 살아가는 일이었습니다. 그 안에서 이루어질 일의 가치가 다윗의 마음속에 감격을 주었던 것입니다.

이런 다윗의 소망은 본문의 기도에서도 계속됩니다. "우리 열조 아브라함과 이삭과 이스라엘의 하나님 여호와여 주께서 이것을 주의 백성의 심중에 영원히 두어 생각하게 하시고 그 마음을 예비하여 주께로 돌아오게 하옵시며"(대상 29:18).
다윗은 그 백성들이 성전을 볼 때마다 하나님을 생각하고 돌아오며 회개가 이루어지고 구원이 이루어질 수 있기를 원했습니다.

또 19절도 보십시오.
"또 내 아들 솔로몬에게 정성된 마음을 주사 주의 계명과 법도와 율례를 지켜."
다윗의 궁극적 관심은 성전 안에서 하나님의 말씀을 배우고 말씀을 사랑하며 말씀 가운데 견고하게 세워지는 그 백성들의 변혁이었습니다. 다윗이 마음속에 기대하던 바가 그랬기에 이 가치 있는 꿈, 가치 있는 비전을 위해 백성들은 환난 가운데도 그들의 생애 속에 하나님이 주신 축복을 즐겁게 주님 앞에 드릴 수 있었습니다.

모든 위대한 꿈, 위대한 비전을 성취한 배후에는 희생이 있었습니다. 대가(對價)의 지불 없이 비전이 성취된 경우는 역사 가운데 그 사례를 찾아볼 수가 없습니다. 모든 아름다운 것, 모든 위대한 것, 모든 가치 있는 것, 모든 보람 있는 사역의 배후에는 눈물과 희생과 땀이 있었던 것입니다.

우리가 잘 아는 유명한 영국 사상가 가운데 토마스 칼라일이라는 사람이 있습니다. 그의 평생 꿈 가운데 하나가 『불란서 혁명사』라는 책을 쓰는 것이었습니다. 그는 지나간 과거에 관심이 있어서가 아니라 자기가 쓴 책을 통해 다시는 유럽 땅에 피비린내 나는 역사가 되풀이되지 않고 건강한 백성들의 문화와 민주주의가 정착되기를 원했기에 집필을 꿈꾸었던 것입니다. 그는 유럽에 바치는 필생의 선물로 그 책을 쓰고자 했습니다.

그리하여 거의 10년에 걸쳐 정성을 다해 원고를 썼습니다. 그리고 완성될 즈음 친구인 존 스튜어트 밀이라는 철학자에게 그 원고를 보냈습니다. 검토해 보기 위해서였습니다. 그래서 스튜어트 밀이 친구가 보낸 원고를 검토했는데 쭉 읽다가 그만 깜빡 잠이 들었습니다. 너무 피곤했기 때문에 원고를 보다가 그대로 침대에 들어가서 잠을 잤습니다.

그 집 하녀가 청소하다 보니까 의자와 책상 옆에 원고지가 흐트러져 있었습니다. 오늘따라 쓰레기가 왜 이렇게 많은가 해서 원고지를 몽땅 모아 불 속에 집어넣었습니다. 10년 동안의 토마스 칼라일의 수고가 허사로 돌아가는 순간이었습니다.

그가 얼마나 실망했을까요? 서너 달 동안 침식을 잊고 고민했습니다. 생의 의욕이 완전히 없어졌습니다. 그런데 어느 비오는 날 창 밖을 하염없이 보고 있을 때였습니다. 비가 서서히 그치자 자기 집 앞에서 새 집 한 채를 짓는 일꾼들이 나타났습니다. 그들은 줄을 놓고 벽돌을 하나하나 쌓다가 맞지 않으면 다시 끄집어냈다가 다시 쌓고 벽돌을 다시 내려놓았다가 다시 제자리에 올려 가며 차근차근 벽돌 쌓기를 하고 있었습니다. 그 모습을 보던 칼라일은 무릎을 탁 쳤습니다.
"한 채의 집을 짓기 위해서도 저토록 정성스러운 노력이 필요하다면 유럽의 역사를 다시 일으켜 세우기 위해 내가 다시 땀을 흘리지 못할 이유가 어디 있겠는가?"
그는 다시 원고를 쓰기 시작했습니다. 가치 있는 일에는 가치 있는 도전이 필요한 것 아니겠습니까?

실로 오랜만에 만난 두 사람이 서로 자기 인생 이야기를 나누고 있었습니다. 살아온 이야기, 가정 이야기를 하다가 마침내 자녀들의 이야기를 하게 되었습니다. "자네 아들은 어때?"라는 질문을 받은 사람이 『마찬가지지. 밤낮 돈 들지. 처음에는 자전거 사줬더니 조금 있다가는 자동차 사달라고 난리야. 눈만 뜨면 자식들이 돈밖에는 요구하는 것이 없네. 자네는 어때?』라고 했습니다. 그러자 그 친구는 가만히 있더니 이렇게 대답했다고 합니다.

"내게도 자네같이 요구할 수 있는 아들이 있었으면 좋겠네. 2년 전 내 아들은 교통사고로 세상을 떠났네. 죽은 아들은 내게 아무것도 요구하지 않는단 말이야."

살아있는 교회는 요구하는 것이 있습니다. 성장하는 교회는 요구하는 것이 있습니다. 꿈이 있는 교회는 요구하는 것이 있습니다. 하지만 성장을 중단해 버리고 꿈을 잃어버린 교회는 더 이상 아무것도 요구하지 않습니다. 현상 유지만 하면 되기 때문입니다. 그러나 비전을 가지고 꿈을 가지고 살아 있는 교회는 요구합니다. 저는 감히 위대한 내일의 비전을 위해서, 이 땅의 역사를 바꾸는 하나님 나라와 복음의 위대한 도전을 위해서, 다윗 시대 하나님의 백성들이 환난 중에 즐거움과 기쁨으로 주 앞에 자기들의 소유를 드릴 때 했던 다윗의 고백을 본받고 싶습니다.

"우리 하나님 여호와여 우리가 주의 거룩한 이름을 위하여 전을 건축하려고 미리 저축한 이 모든 물건이 다 주의 손에서 왔사오니 다 주의 것이니이다 나의 하나님이여 주께서 마음을 감찰하시고 정직을 기뻐하시는 줄 내가 아나이다 내가 정직한 마음으로 이 모든 것을 즐거이 드렸사오며 이제 내가 또 여기 있는 주의 백성이 주께 즐거이 드리는 것을 보오니 심히 기쁘도소이다"(대상 29:16,17).

짧은 인생길 우리가 이 땅에 무엇을 남기고 갈 수 있겠습니까? 덧없는 욕심을 버리고, 하나님 나라와 그 비전의 실현을 위해 즐겁고 기쁘게 자신을 바치는 사람들이 되시기를 바랍니다.

## 창조적 기도 생활을 위한 토의와 훈련

1. 다윗이 환난 중에서도 성전 건축 준비에 즐겁게 헌신할 수 있었던 이유들은 무엇입니까?

2. 본문의 다윗의 기도에서 가장 중요하게 강조된 사상은 무엇이며 그것이 강조된 까닭은 무엇입니까?

3. 다윗의 기도와 우리들의 일상적 기도의 차이점은 무엇입니까?

4. 본문의 다윗의 기도문에서 특히 자신에게 감동되었던 내용을 나누어 보십시오.

# 6

# 이사야의 기도

※ ※ ※

## 이사야서 6장 1~8절

"웃시야 왕의 죽던 해에 내가 본즉 주께서 높이 들린 보좌에 앉으셨는데 그 옷자락은 성전에 가득하였고 스랍들은 모셔 섰는데 각기 여섯 날개가 있어 그 둘로는 그 얼굴을 가리었고 그 둘로는 그 발을 가리었고 그 둘로는 날며 서로 창화(唱和)하여 가로되 거룩하다 거룩하다 거룩하다 만군의 여호와여 그 영광이 온 땅에 충만하도다 이같이 창화하는 자의 소리로 인하여 문지방의 터가 요동하며 집에 연기가 충만한지라 그때에 내가 말하되 화로다 나여 망하게 되었도다 나는 입술이 부정한 사람이요 입술이 부정한 백성 중에 거하면서 만군의 여호와이신 왕을 뵈었음이로다 때에 그 스랍의 하나가 화저로 단에서 취한 바 핀 숯을 손에 가지고 내게로 날아와서 그것을 내 입에 대며 가로되 보라 이것이 네 입에 닿았으니 네 악이 제하여졌고 네 죄가 사하여졌느니라 하더라 내가 또 주의 목소리를 들은즉 이르시되 내가 누구를 보내며 누가 우리를 위하여 갈꼬 그때에 내가 가로되 내가 여기 있나이다 나를 보내소서."

※ ※ ※

**상당** 기간 외국 생활을 하다가 조국 땅으로 돌아온 저에게 아직도 생소하게 느껴지는 관습 하나가 있습니다. 아마도 지난 10~20년 동안 새롭게 이 땅에 정착하게 된 일종의 사회 문화적 관습이 아닌가 생각됩니다. 결혼식 피로연장 같은 데 가면 축배를 들 때 "위하여"라고 소리를 지르는데 그것이 저에게는 아직도 어색합니다. 도대체 무엇을 위하여 건배하자는 것인지 명확하게 들어본 적이 없습니다. 나중에 모임이 끝나고 나서 늘 마음속에 남는 것은 "위하여"라는 소리뿐입니다.

사실 인생을 살아가는 데 가장 중요한 삶의 명제가 있다면 "무엇을 위하여 살 것인가"입니다. 이것은 '사명'의 문제라고 할 수 있습니다. 좀더 기독교적 표현을 빌리자면 '소명'(mission 혹은 calling)의 문제입니다.

북구라파의 기독교 철학자 키에르케고르가 스물두 살 때 자기 일기장에 이런 글을 남겼습니다.

"온천하가 무너져도 내가 붙들고 놓칠 수 없는 이것을 발견해야만 한다. 이것을 위하여 살고 이것을 위하여 죽을 수 있는 나의 사명 말이다."

스위스의 사상가 칼 힐티도 "내 인생 최고의 날이 있다면 나의 사명을 자각하는 날일 것이다. 하나님께서 나를 이 목적을 위해 쓰시겠다고 작정하신 그것을 깨닫는 일 말이다"라고 말했습니다.

문제는 우리가 어떻게 이 사명을 발견할 수 있느냐 하는 것입니다. 그런데 구약성경을 읽어 보면 혹은 교회 역사를 보면 하나님께서 귀하게 쓰신 사람들은 거의 예외없이 기도 중에 소명을 받았습니다.

본문에 나타난 이사야의 경우도 마찬가지였습니다. 때는 주전 740년경이었습니다. 유다의 매우 지혜로운 왕이었던 웃시야가 죽었습니다. 그는 52년 동안 통치했는데, 당시 52년을 통치했으면 오랜 기간 통치한 것이었습니다. 훌륭한 왕이었고 좋은 정치가였지만 말년에 문둥병을 얻어 비극적으로 죽었습니다. 왕이 죽고 저 북쪽에서는 강대국 앗시리아와 주변 강대국들이 계속 유다 왕국을 위협하고 있었습니다.

내일의 국가 운명을 전혀 예측할 수 없던 불확실의 시대에 이사야는 조국의 운명을 짊어지고 성전에 들어가서 기도하다가 그가 평생 해야 할 사명을 발견했습니다. 즉, 하나님께서 그를 선지자로 부르시는 소명을 깨달았습니다. 바로 그 장면이 본문의 내용입니다. 그 날 자기 인생의 목적과 사명, 곧 그 소명을 발견하도록 이끈 이사야의 기도는 어떤 기도였을까요? 그 이사야의 기도를 통해 우리도 평생의 소명을 발견하기 위한 기도를 어떻게 드려야 하는지 깨달을 수 있습니다. 나를 향한 하나님의 계획은 무엇입니까? 그것을 위해 살고 그것을 위해 죽을 수 있는 소명을 발견하기 위해 우리는 어떤 기도를 드려야 할까요?

# 참회의 기도

사람이 일생을 통해 경험할 수 있는 가장 중요한 사건 두 가지는 구원의 사건과 소명의 사건입니다. 인생에서 가장 중요한 질문이 두 가지 있는데 이 질문에 확고하고 명확한 대답을 할 수 없으면 아직 인생을 제대로 살고 있지 못한 것입니다. 구원받았습니까? 이것은 성경의 가장 중요한 질문입니다. 당신의 사명은 무엇입니까? 이 두 질문에 대한 대답을 경험하는, 그 중요한 사건이 바로 구원의 사건, 소명의 사건입니다.

그런데 구원과 소명의 사건은 동시적으로 일어날 수 있습니다. 구원받을 때 소명도 같이 받을 수 있습니다. 그 대표적인 예가 바울 사도의 경우라 할 수 있습니다. 바울은 예수 믿는 사람들을 죽이러 가다가 초자연적으로 나타나신 예수님을 다메섹 도상에서 만나 그리스도인이 됐습니다. 그런데 그간 살아온 인생이 뒤집어지는 그 순간 그는 소명을 받았습니다. 이방인 선교를 위해 택함 받은 그릇으로 말입니다. 구원과 소명이 동시적으로 임했습니다.

그런데 어떤 경우에는 구원과 소명이 따로 올 수 있습니다. 구원은 받았는데 무슨 일을 하며 살아야 할지 모를 수 있습니다. 그래서 소명을 평생 발견하지 못하고 가시는 분도 있습니다. 참 안된 분입니다. 그러나 어쨌든 구원받을 때 그리고 소명 받을 때 공통적으로 일어나는 사건이 있습니다. 구원받는 사람이나 소명 받는 사람이나 어떤 특별한 기도를 하게 되는데 그것이 참회의 기도, 용서의 기도입니다. 구원받을 때 "하나님, 저를 용서하시고 하나님의 자녀로 삼아 주십시오"라고 반드시 기도하게 됩니다. 이 기도를 하지 않는 사람은 구원받지 못한 사람입니다. 그런데 소명받을 때도 그런 참회의 기도를 하게 됩니다.

하나님이 그런 기도를 하게 하시는 데는 두 가지 이유가 있습니다.

**첫째로, 우리가 구원을 받거나 소명을 받는 것은 하나님을 만나는 일이기 때문입니다.**

그런데 하나님을 만난다는 것은 두려운 일입니다. 하나님은 거룩하신 분이기 때문입니다. 거룩하신 하나님을 만난다는 것은 죄인에게는 두려운 일입니다. 거룩하신 하나님 앞에 서면 상대적으로 거룩하지 못한 나 자신을 발견하게 됩니다. 이것이 이사야의 체험입니다. 이사야는 성전에 들어가자마자 천사들의 찬양 소리를 들었습니다. 천사들이 보좌에 앉으신 하나님을 향해 찬양을 드립니다. 스랍들, 곧 하나님의 보좌를 옹위하는 천사들이 어떤 찬양을 드리고 있었습니까?
"거룩하다 거룩하다 거룩하다."
거룩하신 하나님 앞에 눈의 초점이 맞추어지는 순간 그는 다시 자신을 발견하고는 거꾸러지면서 이렇게 고백했습니다.

"화로다 나여 망하게 되었도다. 하나님, 저는 부정한 사람입니다. 입술이 부정하고 마음이 부정합니다."

이것은 거룩한 하나님 앞에 섰을 때 상대적으로 거룩하지 못한 나를 발견하는 체험입니다. 마치 투명하고 깨끗한 거울 앞에 서면 자신을 더 잘 볼 수 있는 것과 마찬가지로 말입니다. 거울이 투명하고 깨끗할수록 상대적으로 나 자신이 더 잘 드러납니다. 너무 잘생긴 사람을 만나면 상대적으로 너무 안 생긴 나 자신을 발견하지 않습니까? 또 너무 깨끗한 사람, 너무 순전한 사람을 만나면 괜히 내가 추하게 느껴집니다.

저희 교회 선교 대회(Mission Conference) 강사로 초빙된 크리스틴 윌슨 박사와 식사를 하면서 "이렇게 사람이 깨끗할 수가 있나" 하고 놀랐습니다. 벌써 외모에서 그 품격과 인격이 느껴집니다. 75세인데 그 깨끗한 인품이 사람들에게 나타납니다. 한번은 점심을 함께 하는데 한 사람 한 사람 사역자 이름을 물어 보면서 적으시더라구요. 오늘 밤부터 호텔에 가서 기도하려고 그런다는 것이었습니다. 저를 위해 기도해 달라고 하니까 자신을 위해서도 기도해 달라고 했습니다. 그 분의 깨끗함 앞에 나는 순전치 못하게 느껴져서 몸둘 바를 몰랐습니다. 자꾸 상대적으로 비쳐지는 것이었습니다.

사람 앞에서도 그런데 하물며 완전하신 하나님, 절대자이신 하나님 앞에 서는 체험은 어떨까요? 하나님 앞에 서는 사람마다 자신의 추한 모습이 드러나는 것입니다.

**둘째로, 하나님께서는 어떤 사람을 구원하거나 소명을 주실 때 언제나 거룩함을 요구하시기 때문입니다.**

거룩해야 하나님이 쓰실 수 있습니다. 하나님 나라에는 큰 그릇도 필요하고 작은 그릇도 필요합니다. 작은 그릇도 작은 그릇대로 소중합니다. 주부들은 부엌의 많은 그릇들 가운데 큰 그릇만 쓰는 게 아닙니다. 작은 그릇도 나름대로 소중합니다. 나는 작은 그릇일 수 있습니다. 그럼에도 불구하고 나는 소중한 사람입니다.

하나님이 쓰시지 못할 사람은 없지만 그러나 단 한 가지, 그릇이 더럽혀져 있으면 쓰실 수 없습니다. 깨끗해야 합니다. 그래서 하나님은 어떤 사람을 쓰시기 전에 하나님 자신의 거룩을 보여 주심으로써 상대적으로 자신의 거룩하지 못한 모습을 보게 하시고 하나님의 은혜로 깨끗함을 얻도록 도와주십니다.

이것이 바로 이사야의 체험입니다. 본문이 시작되는 이사야서 6장 1절을 보십시오.
"웃시야 왕이 죽던 해에 내가 본즉."
그 어둡고 암울한 시대에 이사야는 주님을 보았습니다.

"그때에 내가 말하되 화로다 나여 망하게 되었도다 나는 입술이 부정한 사람이요 입술이 부정한 백성 중에 거하면서 만군의 여호와이신 하나님을 뵈었음이라"(5절).
하나님을 뵙는 순간 그는 엎드러져서 이렇게 고백했습니다.
"화로다 망할 나여. 나는 입술이 부정하고 마음이 부정했으며 또 부정한 사람들 속에서 이렇게 부정한 인생을 살아왔습니다."
자기 자신의 모습을 발견하고 고백했습니다.

그런데 이 참회의 기도를 한 다음 순간 하나님은 천사를 보내 어떤 선언을 하셨습니다. 6절 이하를 보십시오.
"때에 그 스랍의 하나가 화저로 단에서 취한 바 핀 숯을 손에 가지고 내게로 날아와서 그것을 내 입에 대며 가로되 보라 이것이 네 입에 닿았으니 네 악이 제하여졌고 네 죄가 사하여졌느니라 하더라."
용서가 선언되었습니다. 그런데 천사는 왜 특별히 그 숯불을 입술에 댔을까요? 이사야가 자기 입술이 부정하다고 고백했기 때문입니다.

우리에게 많은 죄가 있지만 여기서 입술의 죄를 고백한 이유는 아마도 입술의 죄악이 가장 대표적인 죄악이어서일 것입니다. 성경은 사람이 마음에 가득한 것을 입술로 말한다고 했습니다. 마음에 있는 것이 입술로 표현됩니다. 어떤 사람인가 그 사람의 위인 됨을 알아보려면 그 사람이

하는 말을 잘 들어 보세요. 그것이 그 사람입니다. 로마서에서는 "목구멍은 열린 무덤"이라고 했습니다. 사람들은 자기 속에 있는 부패와 절망을 입술로 다 쏟아냅니다. 그 입술로 표현된 죄악성이야말로 한 사람의 정체를 보여 주기에 부족함이 없습니다.

또 어쩌면 하나님은 이사야를 앞으로 하나님의 말씀을 담아 선포할 종으로 쓰시기 위해 먼저 입술의 성별(聖別)을 요구하느라 그 입술의 죄악을 지적하셨다고도 할 수 있습니다. 어쨌든 이사야의 죄악이 발견되고 고백되는 순간 하나님은 즉시로 천사를 시켜 그 입술을 지지셨습니다. 깨끗하게 하셨다는 확신을 시청각적으로 보여 주시는 장면입니다.

그러면서 선언하시기를 "네 악이 제하여졌고 네 죄가 사하여졌느니라"고 하셨습니다. 이때의 자유함, 곧 "네 죄가 사하여졌느니라"는 선포를 들을 때의 이 자유함을 상상해 보십시오. 얼마나 굉장한 자유였을까요?

파스칼의 『팡세』(Pensees)를 읽어보면 이런 글이 있습니다.
"1654년 은혜의 해. 11월 23일 월요일 밤 10시 반부터 12시 반 사이."
그리고 이런 말을 기록해 놓았습니다.
"불. 아브라함의 하나님, 이삭의 하나님, 야곱의 하나님,

철학자의 하나님이 아니라, 학자의 하나님이 아니라 예수 그리스도의 하나님, 나의 하나님, 감격, 환희, 감사, 기쁨, 평안."

이는 파스칼이 어느 날 살아계신 하나님을 깨닫고 죄를 자백하는 순간 하나님께서 그를 용서하시고 거룩한 불로 임하사 그를 태우며 새롭게 하시는 그 순간 그의 영혼이 토해낸 고백이었을 것입니다. 불! 거룩한 불이 임하고 그를 용서하시는 하나님의 놀라운 사죄의 불이 떨어졌습니다. 예수 그리스도의 하나님, 나의 하나님. 아브라함의 하나님이 이제는 나의 하나님이 되셨다는, 새사람이 되는 순간의 고백입니다.

이제 용서의 선언 직후 어떤 일이 전개됩니까? 하나님이 이사야를 부르십니다. 깨끗함을 받은 자, 쓸 수 있는 자로 준비된 것입니다. 소명 받을 준비가 된 것입니다. 그렇습니다. 내 인생의 소명을 발견하기 원합니까? "하나님이 나를 위해 무엇을 준비하셨을까" 하고 인생의 소명과 사명을 발견하기 원하는 사람은 먼저 자신이 하나님이 쓰시기에 얼마나 형편없는 자리에 있는가 깨닫도록 하나님 앞에 서십시오. 거룩한 절대자 앞에 서십시오. 당신의 하나님을 보십시오. 그 하나님의 눈으로 자신을 보십시오. 그리고 참회의 기도를 드리십시오. 그 기도 속에 당신은 다시 태어날 것입니다. 그것이 소명의 시작입니다.

## 순종의 기도

저는 제 자신이 말씀을 전하는 목회자로 부름 받은 것을 특별한 소명으로 느끼고 늘 감사하게 생각합니다. 그런데 많은 사람들이 소명이란 것은 목회자, 성직자들이나 받는 것으로 오해합니다. 이것이 한국 교회의 큰 문제입니다. 신학교에서 학생을 받을 때도 목회자의 소명을 굉장히 강조하는데 오늘날 한국 교회의 문제는 평신도의 소명이 강조되지 않는다는 것입니다. 당신의 소명은 무엇입니까? 목회자만 소명 받는 것입니까? 성경도 그렇게 가르칠까요? 로마 교회를 향해 바울이 쓴 편지이자 위대한 책인 로마서 1장 1절에서 바울은 자기 자신을 로마 교회 앞에 이렇게 소개합니다.

"예수 그리스도의 종 바울은 사도로 부르심을 받아."

바울이 자신만 부르심 받았다고 고백하고 있을까요? 6절을 보십시오.

"너희도 그들 중에 있어 예수 그리스도의 것으로 부르심을 입은 자니라."

바울은 자신이 하나님의 부르심을 받아 복음을 위해 살게 되었음을 고백하면서 바로 로마 교회 성도들을 향해 이렇게 말합니다.

"너희들도."

나만 부르심 받은 것이 아니라 너희도 예수 그리스도의 것으로 부르심 받았다는 것입니다.

하나님께서는 성직자만 부르시는 것이 아니라 모든 그리스도인들을 다 부르십니다. 그러므로 나름대로 각자 해야 할 일이 있습니다. 하나님이 나를 통해 성취하시고자 하는 어떤 일이 있는 것입니다.

이와 관련해서 흥미로운 사실이 있습니다. 바울 사도가 믿지 않는 남편이나 아내와 사는 사람들이 어떻게 살아야 하는가를 고린도전서 7장에서 다루고 있습니다. 믿지 않는 남편과 사는 아내들, 참 고생이 많습니다. 교회까지는 나와 주겠는데 믿지는 않겠다고 하는 남편들이 많습니다. 믿지 않기로 작정한 아내와 사는 남편들도 많습니다. 이렇게 배우자 중 한쪽이 믿지 않을 경우 어떻게 해야 합니까? 이혼해도 좋을까요?

고린도전서 7장에서 바로 이 중요한 문제를 다루다가 사도 바울은 이렇게 말합니다.

"아내 된 자여 네가 남편을 구원할는지 어찌 알 수 있으며 남편 된 자여 네가 네 아내를 구원할는지 어찌 알 수 있으리요"(16절).

이혼하라는 말이에요 하지 말라는 말이에요? 되도록 하지 말라는 것입니다. 믿지 않는 남편이나 아내가 너 때문에 구원받을지 어찌 아느냐는 것입니다. 그러면서 17절에서 이렇게 말합니다.

"오직 주께서 각 사람에게 나눠 주신 대로 하나님이 각 사람에게 부르신 그대로 행하라 내가 모든 교회에서 이와 같이 명하노라."

"하나님이 각 사람을 부르신 그대로"란 배우자가 믿지 않는다면 그것도 소명으로 생각하라는 말입니다. 하나님께서 그 사람을 구원하기 위해 나를 이 집안에 보내셨다고 생각하고 평생 그 사람을 사랑하고 섬기면서 구원받게 해보라는 것입니다. 이런 소명도 있는 것입니다.

천하보다 더 귀한 한 영혼의 구원을 위해 일생을 투자해서 그가 마침내 하나님 앞에 나올 수 있다면, 저는 그것으로 그 사람의 삶이 보람있다고 생각합니다. 평생 한 사람을 사랑하기 위해 일생을 바쳤다, 그리하여 마침내 그 영혼을 구원할 수 있었다, 그것도 소명입니다. 물론 각 사람을 향한 하나님의 예비된 소명은 다 다릅니다. 소명 없는 사람은 아무도 없습니다.

죄사함 받고 주님 앞에 깨끗함 받으면 하나님은 그 사람을 즉각적으로 쓰실 준비를 하십니다. 죄사함을 체험한 이사야를 향해 하나님은 즉각적으로 다음에 어떻게 부르시고 있습니까? 하나님의 부르심의 음성을 들어 보십시오. 본문 6장 8절입니다.
"내가 또 주의 목소리를 들은즉 이르시되 내가 누구를 보내며 누가 우리를 위하여 갈꼬."
이 어둡고 암울한 시대를 향해 누가 우리를 대신하여 가서 성부 성자 성령 하나님의 위대하고 영광스러운 메시지를 전할 것이냐는 이 하나님의 음성을 듣자마자 이사야는 어떻게 대답합니까?

"내가 여기 있나이다 나를 보내소서."
이것이 바로 순종의 기도요 순종의 결단입니다. 하나님은 순종하는 자를 쓰십니다. 하나님이 쓰시지 못할 사람은 없습니다. 준비만 되어 있으면 크든 작든 나름대로 쓰임을 받습니다. 하나님은 소명을 준비하시고 그 사람을 사용할 위대한 계획을 가지고 그 삶의 장(場)에 다가오십니다.

죄사함 받고 주 앞에 선 이사야는 "내가 이 시대를 위해 누구를 보낼꼬? 내 메시지를 증거하도록 누구를 보낼꼬?" 하는 하나님의 음성을 듣자 즉각적으로 "주여 내가 여기 있나이다 나를 보내소서" 하고 순종을 결단했습니다. 순종의 기도를 드렸습니다. 그리고 쓰임 받기 시작했습니다.

하나님의 소명을 발견하기 원합니까? 기도하기 바랍니다. 일생을 걸 만한, 이것을 위해 살다가 죽을 수 있는 나의 소명을 깨달아 알 수 있도록 도와달라고 기도하십시오.
하나님의 소명을 발견할 때 중요한 것은 순종을 결심하는 일입니다. 하나님이 당신을 다루실 것입니다. 죄도 보여 주시고 깨끗케도 하십니다. 그때 "주님, 순종하겠습니다. 어떤 일이 있어도 그 일 하다가 하나님 앞에 가겠습니다. 내가 여기 있나이다. 나를 보내소서" 하는 이 순종의 기도를 통해 하나님의 소명을 감당해야 합니다.

## 중보의 기도

"누가 우리를 위해 갈꼬, 내가 누구를 보내면 좋을꼬" 하는 하나님의 소명의 음성 앞에 "내가 여기 있습니다. 나를 보내 주십시오" 하고 순종을 결단하고 고백한 순간부터 이사야는 보내심 받은 사람이 되었습니다. 기다릴 필요가 없습니다. 준비되고 응답했으면 그 순간부터 이미 파송받은 사람입니다.

이사야는 자기 백성들에게로 파송받았습니다. 그는 해외로 파송받은 해외 선교사가 아니고 국내 선교사라 할 수 있습니다. 죄악 속에 있는 자기 백성들을 향해 하나님의 말씀을 대언하는 선지자로 부르심 받았습니다. 사람마다 다르게 사명이 있고 소명이 있습니다.

'선교사'라는 말의 영어 단어 'missionary'는 '파송받았다'는 뜻의 라틴어 'mitto'에서 비롯된 말입니다. '사도'(使徒)라는 말도 '파송받았다'는 뜻의 단어입니다. 모든 사람이 다 해외 선교사가 될 수는 없습니다. 그러나 우리는 다 선교사적 삶을 살아야 합니다. 내가 살고 있는 삶의 터전에서 주변의 이웃들을 돌아보아야 합니다. 한평생 주변의 가난한 사람들을 돌보겠다 하면 그것이 그 사람의 사명입니다. 내 사명을 발견하는 것은 매우 중요합니다. 그러나 하나님 앞에 순종하는 그 순간부터 이미 하나님의 보내심을 받았다는 것을 확신하는 것이 더 중요합니다.

흥미로운 사실 하나가 있습니다. 한국에 기독교 복음이 들어오기 전에도, 우리 민족의 직업관을 살펴보면 거기에 기독교적 소명관이 있었습니다. 예를 들어 직업을 가리켜 옛날부터 우리는 '천직'(天職)이라는 말을 써왔습니다. 하늘이 나에게 준 직업이다, 이 얼마나 고귀한 소명입니까? 이것이 직업에 대한 소명관입니다. 복음을 전하도록 하나님이 나를 여기에 세우셨다는 것도 소명인 것처럼 직업을 통해 하나님 앞에 영광 돌리고 이웃들을 섬기겠다는 것도 소명입니다. 천직입니다.

기독교가 들어오기 이전부터 한국에는 '천사'(天使)라는 개념이 있었습니다. 하늘이 어떤 일을 하도록 시킨 자라는 말입니다. 또 큰 일을 위해 파송받은 자는 '대사'(大使), 작은 일을 위해 보냄 받은 자는 '소사'(小使)라고 했습니다. 옛날에는 소사라는 말을 자주 썼는데 요새는 왜 안 쓰는지 모르겠습니다. 대사가 될 수는 없을지 모르지만 소사는 될 수 있지 않습니까? 하나님을 위한 소사, 얼마나 자부심 있는 일입니까?

공적인 일을 위해 파송받았다면 '공사'(公使), 비밀스러운 일을 위해 파송받았다면 '밀사'(密使)라 했습니다. 아주 급한 일을 위해 보냄 받았다면 '급사'(急使)라 했습니다. 옛날에는 급사가 많았는데 요새는 없어졌습니다.

해외 선교사로 가겠다고 응답하는 사람들을 가만히 보면, 준비가 잘되고 여러 가지로 갖추어진 사람이 나오면 좋을

텐데 그런 사람보다는 가지 말았으면 하는 사람이 자꾸 선교 현장으로 가겠다고 자원하는 경우가 종종 있습니다. 저 사람은 아닐 것 같은데 왜 자꾸 선교사로 가겠다고 나서나 생각하다가도 제가 마음을 고쳐 먹습니다. 하나님이 오죽 급하시면 저런 사람도 쓰실까, '급사'로구나 하고 말입니다.

우리 모두는 왕이 보낸 사람, 곧 '칙사'(勅使)입니다. "만왕의 왕이신 우리 하나님이 나를 보내셔서 이 일을 감당하게 하신다"고 믿고 그 일로 한평생을 살고 자신이 있는 그곳에서 하나님을 영광스럽게 하고 이웃을 섬기며 살아가는 삶, 이것이 선교적 삶입니다.

그런데 부름 받은 사람에게 제일 중요한 것은 나를 어디로 보내시는가, 즉 누구에게로 파송받았으며 할 일은 무엇인가를 명확히 깨닫는 것입니다. 주로 하나님의 소명은 막연히 어떤 단체와 관련된 것이 아니라 사람을 섬기는 일입니다. 하나님은 언제나 사람을 섬기도록 우리를 부르시고 보내십니다.

그렇다면 내가 파송받는 대상인 그 사람들을 알아야 합니다. 하나님께서는 이사야를 통해 말씀을 대언하게 하실 대상이 누구인가를 그에게 즉각적으로 보여 주셨습니다. 본문 6장 9, 10절입니다.

"여호와께서 가라사대 가서 이 백성에게 이르기를 너희가 듣기는 들어도 깨닫지 못할 것이요 보기는 보아도 알지 못

하리라 … 이 백성의 마음으로 둔하게 하며 그 귀가 막히
고 눈이 감기게 하라 염려컨대 그들이 눈으로 보고 귀로
듣고 마음으로 깨닫고 다시 돌아와서 고침을 받을까 하노
라.”

　하나님께서는 그 대상이 어떠한가를 가르쳐 주시려 했습
니다.
“내가 너를 보내는 그곳 사람들이 어떤 사람들인 줄 아느
냐? 그들은 눈이 감긴 사람들이다. 그들은 귀가 닫힌 사람
들이다. 귀가 닫히고 눈먼 사람들에게 가서 너는 외쳐야
한다.”
얼마나 답답한 일입니까? 저는 이사야의 심정을 이해합니
다. 솔직히 말씀드려 저도 설교할 때 좌절을 느끼기도 합
니다. 일주일에 설교 준비하는 데 10시간 이상을 투자합니
다. 그 말씀을 묵상하고 기도하고 씨름하고 열심히 말씀을
붙들고 전하려 하는데 설교 초반부터 주무시는 분들이 있
습니다. 설교가 중간쯤 지나갈 때 주무시는 분에 대해서는
제가 책임을 느끼지만 시작하자마자 습관적으로 주무시는
분을 보면 안타깝습니다.

　눈이 감긴 사람, 귀가 안 들리는 사람을 향해 외쳐야 한
다니 이 얼마나 고통스러운 일입니까? 그래서 이 말씀을
듣자마자 이사야는 하나님께 질문했습니다. 기도 속에 하
는 질문입니다.
“내가 가로되 주여 어느 때까지니이까”(11절).

언제까지 그들의 영적 상태가 눈먼 상태로, 무관심의 상태로, 말씀을 전해도 듣지 못하는 상태로 있어야만 하느냐는 것입니다. 이사야는 벌써 중보기도를 시작한 것입니다. 자기가 파송받은 대상들을 마음에 품고 안타까운 마음으로 기도했으니 말입니다.

그러자 하나님께서 이사야를 위로하셨습니다. 어떻게 위로하십니까?
"그 중에 십분의 일이 오히려 남아 있을지라도 이것도 삼키운 바 될 것이나 밤나무, 상수리나무가 베임을 당하여도 그 그루터기는 남아 있는 것같이 거룩한 씨가 이 땅의 그루터기니라"(13절).
이것은 결국 이런 말씀입니다.
"다 네 말을 안 듣는 것 같지만 그렇지 않을 것이다. 남은 자가 있다. 그루터기가 있다. 내 말씀을 들을 사람들이 있을 것이다. 이 남아 있는 사람들, 그루터기 같은 소수, 그러나 이 소수를 통해 나는 새로운 역사를 그리고 새로운 삶을, 새로운 시대를 열 것이다. 좌절하지 말고 가라."
파송받을 때 좌절도 있을 것입니다. 고통도 절망도 어려움도 장애물도 있을 것입니다. 그러나 하나님께서는 "그래도 나는 너를 쓰기 원한다. 계속 나의 일을 할 것이다"라고 하십니다.

이사야는 이 위로를 받았습니다. 이사야는 중보기도를 하며 벌써 자기가 말씀 전해야 할 그 대상들을 가슴에 품기 시작했습니다. 기도는 사역의 준비가 아니라 사역의 시작입니다. 그가 파송받은 백성들을 위해 기도하기 시작하는 순간 영광스러운 사역은 이미 시작된 것입니다.

주일학교 교사에게 가장 위대한 사역은 가르치는 순간에 있지 않습니다. 하나님이 맡기신 사람들을 가슴에 품고 기도할 때 이미 사역은 시작된 것입니다. 구역장들의 경우에도 맡겨 주신 귀한 영혼들을 가슴에 품고 기도하기 시작할 때 사역은 시작된 것입니다.

기도는 사역의 준비가 아니라 사역의 시작입니다. 기도로 하나님은 세상을 변화시키기 원하십니다. 기도로 내 이웃들을 섬기기 원하십니다. 하나님이 맡겨 주신 사람들을 가슴에 품고 내가 일해야 할 현장을 가슴에 품을 때 하나님의 영광스러운 새 역사의 날은 열리기 시작합니다.

한평생 후회없이 부끄러움없이 주께 붙들려 쓰임 받기 원합니까? 주 앞에 엎드려 기도하기 바랍니다. 중보기도의 사람이 되기 바랍니다. 순종의 사람이 되십시오. 참회의 사람이 되십시오. 하나님이 나를 쓰시는 드라마를 보기 시작할 것입니다. 이런 위대한 경험 속에 들어간 사람마다 그 어느 날 이런 고백을 했습니다.
"주여 내가 여기 있사오니 나를 보내 주시옵소서."

## 창조적 기도 생활을 위한 토의와 훈련

1. 이사야의 기도의 특성은 무엇입니까?

2. 각자의 삶의 소명을 무엇으로 느끼고 있는지 토론해 보십시오.

3. 소명을 감당할 때 중보기도가 왜 중요한지 토론해 보십시오.

4. 소명의 전제가 되는 참회의 기도 시간을 집중적으로 가집시다.

# 7

# 하박국의 기도

❋   ❋   ❋

## 하박국서 3장 1~3절, 16~19절

"시기오놋에 맞춘 바 선지자 하박국의 기도라 여호와여 내가 주께 대한 소문을 듣고 놀랐나이다 여호와여 주는 주의 일을 이 수년 내에 부흥케 하옵소서 이 수년 내에 나타내시옵소서 진노 중에라도 긍휼을 잊지 마옵소서 하나님이 데만에서부터 오시며 거룩한 자가 바란 산에서부터 오시도다 (셀라) 그 영광이 하늘을 덮었고 그 찬송이 세계에 가득하도다 … 내가 들었으므로 내 창자가 흔들렸고 그 목소리로 인하여 내 입술이 떨렸도다 무리가 우리를 치러 올라오는 환난 날을 내가 기다리므로 내 뼈에 썩이는 것이 들어왔으며 내 몸은 내 처소에서 떨리는도다 비록 무화과나무가 무성치 못하며 포도나무에 열매가 없으며 감람나무에 소출이 없으며 밭에 식물이 없으며 우리에 양이 없으며 외양간에 소가 없을지라도 나는 여호와를 인하여 즐거워하며 나의 구원의 하나님을 인하여 기뻐하리로다 주 여호와는 나의 힘이시라 나의 발을 사슴과 같게 하사 나로 나의 높은 곳에 다니게 하시리로다 이 노래는 영장을 위하여 내 수금에 맞춘 것이니라."

❋   ❋   ❋

**자기를** 둘러싼 상황이 어려워져만 갈 때, 우리에게는 어떻게 살 것인가 하는 질문이 중요하게 다가옵니다. 집안이 기울어 갈 때, 사업이 어려워질 때, 직장 생활이 불안할 때, 내 앞길이 매우 불투명하고 불안하게 보일 때, 그때 할 수 있는 가장 쉬운 일은 무엇일까요? 아마도 불평하고 원망하는 일일 것입니다. 그러나 하나님의 백성으로서는 지극히 삼가야 할 일입니다.

물론 기도할 때 불평하는 것은 괜찮습니다. 하나님은 불평까지도 받아주시는 분이기 때문입니다. 그러나 기도를 떠난 불평, 기도를 떠난 원망, 그것은 상황을 악화시킬지언정 우리의 형편을 개선하는 데는 조금도 도움이 될 수 없습니다. 과연 이러한 때에 하나님의 백성으로서 우리가 해야 할 일은 무엇일까요? 그것은 기도하는 일입니다. 기도는 두 가지 면에서 우리에게 도움을 줄 수 있습니다. 먼저, 우리를 둘러싼 상황에 적응할 수 있는, 대처할 수 있는, 버틸 수 있는 힘을 제공하기 때문입니다. 그 다음으로, 우리가 처한 상황을 바꿀 수 있는 하나님의 기적적인 간섭을 경험할 수 있고 또 때로는 창조적인 지혜를 위로부터 공급받을 수 있기 때문입니다.

본문은 하박국이라는 사람이 하나님께 드렸던 기도 내용입니다. 하박국, 이름이 재미있지요? 하박국이라는 말은 '포옹하다'라는 뜻입니다. 이 사람은 자기 시대의 고통을 끌어안았던 사람입니다.

주전 600년경 당시 강대국으로 부상하던, 갈대아라고 성경에 기록된 바벨로니아 제국의 위협을 받고 있던 조국 유다를 바라보며 하박국은 기울어 가는 민족의 운명을 끌어안고 하나님 앞에 나아가 기도했습니다. 그는 절망하기보다 기도했습니다. 원망하기보다 기도했습니다.

## 우리를 둘러싼 현실이 어두워질 때 드려야 할 기도

하박국서 2장 마지막 절을 보십시오.
"오직 여호와는 그 성전에 계시니 온 천하는 그 앞에서 잠잠할지니라."
아마도 하박국은 성전에서 엎드려 기도하며 3장의 기도문을 주 앞에 아뢰었을 것으로 생각됩니다. 그는 이 기도 속에서 그 민족이 회복되는 비전을 얻었습니다. 그러므로 그의 기도는 회복의 기도의 한 본보기라 할 수 있습니다. 가세가 기울 때, 사업이 어려워질 때, 하는 일의 전망이 어두워질 때, 우리는 하박국의 기도에서 어떻게 기도할 것인지 영감(靈感)을 얻습니다. 그의 기도에서 이 시대를 사는 하나님 백성들의 삶의 모습을 배울 수 있습니다. 우리를 둘러싼 상황이 상승세가 아니고 하강세일 때, 오름세가 아니고 내림세일 때 어떻게 기도해야 할까요? 그리고 그와 같은 시대 상황 속에서는 어떤 삶을 추구해야 할까요? 이런 중요한 질문들에 대한 대답을 하박국의 기도에서 찾을 수 있습니다. 우리를 둘러싼 상황이 어두워질 때 우리는 어떻게 살고 어떻게 기도해야 할까요?

**첫째로, 진노의 하나님께 긍휼을 구해야 합니다.**

한 현대 신학자는 현대인들의 신관(神觀)이 매우 주관적이고 선택적이라고 지적했습니다. 현대인들은 사랑의 하나님을 즐겨 이야기합니다. 평화의 하나님, 은혜의 하나님은 우리가 좋아하는 하나님에 관한 토론의 주제요 설교의 주제일 수 있습니다. 하지만 심판의 하나님, 진노의 하나님이라는 주제에 관해서는 별로 듣고 싶어하지 않는 것이 현실입니다.

그러나 성경은 하나님의 진노를 계속적으로 언급합니다. 하나님의 사랑 못지않게 하나님의 진노를 언급하고 있습니다. 구약성경에서는 하나님의 진노라는 단어가 무려 375번이나 등장합니다. 하나님은 진노하십니다. 진노하시는 이유는 하나님의 속성을 생각하면 이해할 수 있습니다. 하나님의 하나님 되심에 대한 속성은 크게 두 가지로 성경에 강조되어 있습니다. 하나님은 의로우시고 거룩하십니다. 의로우시기 때문에 불의한 모든 현실, 불의한 모든 대상을 향해 진노하십니다. 또한 거룩하시기 때문에 거룩하지 못한 것, 추하고 죄악된 모든 것을 향해 진노하십니다.

이스라엘의 역사를 추적해 보면 우리 한국사와 비슷한 점을 발견할 수 있습니다. 우리 민족이 그런 것처럼 이스라엘 민족도 남북 분단의 아픔을 겪었습니다. 북방 이스라엘과 남방 유다로 나뉘어졌는데 북방 이스라엘 왕국이 먼저 앗시리아 제국에 무너졌습니다. 흥미롭게도 북방 이스라엘이 무너질 때 남방 유다 사람들은 아주 태연한 척했습니다. 마치 북 이스라엘의 운명이 자기들과는 아무 상관없는 것처럼 생각했습니다. 남방 유다 사람들은 북방 이스라엘 사람들과 비교할 때 상대적으로 자신들이 훨씬 더 도덕적이고 종교적인 삶을 살고 있다고 자부했습니다. 그들에게는 예루살렘 성전이 있었습니다. 그들은 성전을 출입하며 성전 의식과 제사를 따르는 일에 적어도 외관상으로는 성실했습니다. 그들은 하나님의 '토라', 곧 율법을 지키는 일에도 성실하고자 했습니다. 이러한 외관상의 성실성 때문에 "우리는 이만큼 도덕적이고 종교적인 백성들이므로 하나님이 버리실 리 없다"고 확신했습니다.

그러나 그들의 내면은 외관상의 모습과는 전혀 달랐습니다. 그들은 내면적으로 매우 교만한 사람들이 되어갔습니다. 이기주의에 사로잡혔습니다. 방종했고 사치했습니다. 과소비에 빠져 있었습니다. 살인과 간음이 난무했습니다. 그러면서도 하나님이 자기들을 버리시지 않을 것이라 자부했고 경제적 번영이 끊임없이 계속될 것이라 믿었습니다.

그러다 갑자기 강대국으로 부상한 바벨로니아가 유다의 심장을 겨누기 시작하자 유다 왕국의 국가적 운명은 한순간에 기울기 시작했습니다. 사람들은 당황했습니다. 그러나 당황하면서도 기도하는 사람은 적었습니다. 이때 하박국 선지자는 이런 운명을 끌어안고 주님 앞에 나아가 성전에 엎드려 기도하다가 하나님의 계시를 접했습니다. 그 민족을 향해 하나님이 무엇을 계획하고 계신가를 분명한 음성으로 들었습니다. "내가 이스라엘을 심판한 것처럼 유다 왕국도 심판할 것이다. 이스라엘을 멸망시키기 위해 앗시리아 제국을 준비한 것처럼 유다 왕국을 심판하기 위해 바벨로니아를 준비했다"는 하나님의 음성을 들었습니다.

이때 당황하면서 주님 앞에 엎드린 하박국 선지자는 한 단어를 계속적으로 되풀이했습니다. 하박국서 1장을 보면 "어찌하여"라는 단어가 거듭 반복되고 있습니다.
"하나님, 어찌하여 이런 악한 현실에 눈감고 계십니까? 하나님, 어찌하여 저 무신론 제국 바벨로니아가 일어나는 것을 그대로 보고만 계십니까?"
요즘 우리식으로 말하면 "우째 이런 일이 … ?" 하는 것이 바로 하박국서 1장의 내용입니다. "하나님 어찌하여"라는 하박국의 이 물음 속에는 민족의 현실에 대한 자조적인 항의가 들어 있습니다.

그러나 기도가 계속되면서 그 내용이 조금씩 바뀌어 갑니다. 1장에서 하박국은 자조적인 원망을 했습니다. 하나님을 향해 항변했습니다.
"하나님 어찌하여 이런 어둠을, 이런 불합리함을, 이런 곤욕을, 이런 모순을 허용하십니까?"

하박국의 기도는 3장쯤에서 질적으로 달라지기 시작했습니다. 3장은 하박국 기도의 결론 부분입니다. 특별히 3장 첫 부분에서 하박국은 마침내 기도의 결론처럼 하나님 앞에 이렇게 말했습니다.

"하나님, 우리가 이렇게 하나님의 진노를 사는 것은 마땅합니다."

1장의 내용에 비해 훨씬 달라졌지요?
"하나님 내가 깊이 생각하고 깊이 기도해 보니까 이 민족이 매맞고 바벨로니아의 짓밟힘을 받는 것이 어쩌면 당연한 일일 수 있겠습니다. 하나님, 그 동안 많이 참으셨습니다. 이 민족의 어둠을 보시면서, 이 민족의 부도덕을 보시면서, 이 어려운 현실을 보시면서도 잘도 참으셨습니다. 하나님, 이제 하나님의 진노하심에 대해서 저는 이의가 없습니다."

하박국의 기도는 이제 여기까지 이르렀습니다.

하박국은 이런 결론에 도달했으면서도 주님 앞에 엎드려 이렇게 울면서 호소했습니다.

"그러나 하나님, 한 가지만 더 구하겠습니다. 그 진노하심은 당연하지만, 그리고 하나님의 진노하심에 대해 제가 아무런 이의를 제기하지 않겠습니다만 진노 중에라도 이 민족을 불쌍히 여겨 주시옵소서."

이것이 하박국의 기도였습니다. 2절을 보십시오.
"여호와여 내가 주께 대한 소문을 듣고 놀랐나이다 여호와여 주는 주의 일을 이 수년 내에 부흥케 하옵소서 이 수년 내에 나타내시옵소서 진노 중에라도 긍휼을 잊지 마옵소서."

여기서 "진노 중에라도 긍휼을 잊지 마옵소서"라는 대목이 중요합니다. 이렇게 기도해야 하나님이 응답하십니다. 제 꼬라지는 못 보면서 하나님만 원망할 때 그분이 진노하시는 것은 당연합니다. "깊이 생각하고 기도하면서 보니까 하나님이 옳습니다. 나는 그 부분에 대해서는 항의하지 않습니다. 그러나 그럼에도 불구하고 하나님, 불쌍히 여겨 주시옵소서" 하는 자세가 우리에게 필요합니다.

무디 목사님과 동역했던 R. A. 토레이 목사라는 분이 있었는데 이 분은 예수원의 아처 토레이의 할아버지입니다. 그 분이 기도를 주제로 부흥회를 인도하게 되었습니다. 아침에도 기도에 대해, 저녁에도 기도에 대해 계속 설교했습니다. 그런데 저녁에 토레이 목사님이 강대상에 오르기 전에 어떤 사람이 찾아오더니 메모지 하나를 전해 주었습니다. 거기에는 다음과 같은 질문이 적혀 있었습니다.
"목사님, 저는 교회에 30년 동안 출석했습니다. 열심히 교인 노릇 하고 열심히 그리스도인으로서 살려고 노력했습니다. 교회 장로로서 주님을 섬겼고 주일학교 부장으로서 열심히 학생들을 가르쳐 왔습니다. 그런데도 제가 하나님 앞에 기도하는 안타까운 기도 제목 하나에 대해서는 전혀 응답하시지 않습니다. 목사님, 이것에 대해 어떻게 설명하시겠습니까?”

그런데 이 질문에 대답하는 것은 결코 어려운 일이 아닙
니다. 아주 쉬운 일입니다. 그 사람은 기도하면서도 자기
가 30년 동안 교회 생활한 것, 교회 장로라는 것, 그리고
주일학교 부장으로 섬겼다는 것을 굉장히 의식했던 것 같
습니다. 이것이 바로 자기 의(義)입니다. 죄송한 말이지만
그의 기도는 바리새인의 기도와 전혀 다를 것이 없습니다.
그러니 하나님께서 응답하실 리가 있습니까?

바리새인과 세리가 함께 주님 앞에 나아와 기도하던 장면
을 잊지 마십시오. 바리새인이 자기 의를 주장한 것에 반
해 세리는 감히 얼굴도 못 들고 이렇게 기도했습니다(눅
18:9~14 참조).
“하나님, 저는 하나님의 저주와 진노를 받아 마땅한 사람
입니다. 그러나 저를 긍휼히 여겨 주세요. 불쌍히 여겨 주
세요. 저를 받아주세요.”
하나님은 그런 기도에 응답하십니다. 오늘 우리 민족사의
현실에서 바로 이런 기도가 필요하다고 생각되지 않습니
까?

그런데 “진노 중에라도 긍휼을 잊지 마옵소서”(2절)라고
기도하면서 하박국은 “부흥”이라는 매우 중요한 단어 하나
를 더 사용했습니다. 2절을 보면 “여호와여 내가 주께 대
한 소문을 듣고 놀랐나이다 여호와여 주는 주의 일을 이

수년 내에 부흥케 하옵소서"라고 했습니다. 그런데 여기서 사용된 부흥이라는 단어는 오늘날 보편적으로 사용되는 부흥회라는 말과는 상관이 없습니다. 부흥회라는 말은 형식상으로 부흥이라는 단어를 빌려 쓰고 있을 따름입니다.

"부흥"(revival)이라는 말은 본래 "다시 살린다"는 뜻입니다. 하박국은 다음과 같이 하나님께 매달리며 부흥이라는 말을 쓴 것이었습니다.
"하나님, 이 민족, 이 사회, 이 현실을 바라보시면서 심판하겠다는 사실에 저는 하등의 이의가 없습니다. 그러나 하나님, 다시 한번 살려 주세요. 수년 내에 살려 주세요. 우리를 아주 멸망시키지 말아 주옵소서. 우리를 보전해 주옵소서. 매를 맞아야 한다면 당연히 맞겠습니다. 대가를 지불하겠습니다. 그래야 마땅할 것 같습니다. 저도 하나님께 동의합니다. 그러나 하나님, 이 민족을 아주 버리지는 말아 주옵소서. 이 민족을 불쌍히 여겨 주시고 긍휼히 여겨 주시고 한 번만 더 기회를 주십시오. 다시 민족이 일어설 수 있는 재건의 기회를 주시옵소서."

요즘 같은 때 우리도 이렇게 기도하는 것이 더 필요하지 않겠습니까? 암담한 이 사회의 어두운 현실을 볼 때 우리에게 무엇보다도 하박국과 같은 기도가 필요하다고 생각되지 않습니까? 시대가 어두워질 때 우리가 드려야 할 기도는 "진노 중에라도 긍휼을 잊지 마옵소서"라는 기도입니다. 진노의 하나님 앞에 감히 나아와 주님의 자비와 긍휼을 구하기 바랍니다.

　**둘째로, 구원의 하나님을 인하여 즐거워해야 합니다.**

하나님의 심판 계획, 즉 바벨로니아를 들어 쓰셔서 유다 왕국을 멸하겠다는 구체적인 말씀을 들었을 때 하박국은 황당하게 생각되어 놀라지 않을 수 없었습니다. 2절을 보십시오.
"여호와여 내가 주께 대한 소문을 듣고 놀랐나이다."
여기서 놀라움이라는 단어는 두려움이라는 단어로 번역하는 것이 합당할지 모릅니다. 그것은 차라리 두려움이었습니다.

　점점 더 깊이 기도하면서 하박국은 그 민족 앞에 다가오고 있는 두려운 현실의 정체를 직면하기 시작했습니다.
"내 창자가 흔들렸고 그 목소리로 인하여 내 입술이 떨렸도다 무리가 우리를 치러 올라오는 환난 날을 내가 기다리므로 내 뼈에 썩이는 것이 들어왔으며 내 몸은 내 처소에서 떨리는도다"(16절).
풀어서 말하면 이런 뜻입니다.
"하나님, 얼마 후 이 민족이 초토화되고 이 나라의 모든 것이 다 망가질 그 모습을 바라볼 때 내 창자는 흔들립니다. 내 입술은 떨립니다. 내 뼈는 썩어 들어오는 것 같습니다. 온몸이 와들와들 떨리고 있습니다."

저는 여기서 기도라는 것의 진정한 정체를 발견합니다. 기도는 현실 도피가 아닙니다. 기도는 현실을 직면하는 것입니다. 많은 경우에 기도 혹은 기도하는 사람을 생각하면 어떤 이미지가 떠오릅니까? 산속에 들어가 눈감고 머리 숙이고 세상만사 다 잊어버리고 주님 앞에 호소하는 사람이 연상되지 않습니까? 이것은 참된 기도자의 모습이 아닙니다. 기도는 눈감고 하는 게 아닙니다. 눈을 감는 사람은 기도할 수 없습니다. 눈을 떠야 합니다. 실제로 육체의 눈을 뜨라는 것이 아니라 마음의 눈을 떠야 한다는 말입니다. 심안(心眼), 곧 영(靈)의 눈을 떠야 합니다. 현실을 봐야 합니다. 내 가정의 현실을 봐야 합니다. 조국의 안타까운 현실을 봐야 합니다. 우리 역사가 처한 상황을, 이 삶의 정황을 똑바로 봐야 합니다. 눈을 떠서 똑바로 봐야 합니다. 이 현실을 바라볼 때 너무 답답하고 너무 괴로워서 엎드리면 그것이 기도입니다.

하박국은 현실에서 도피하지 않았습니다. 자기 민족에게 들이닥칠 무서운 현실, 냉엄한 현실, 하나님의 심판의 현실을 직시했습니다. 그 민족이 경험해야 할 무섭고도 두려운 현실을 직면하고는 와들와들 떨었습니다.

그러나 기도는 현실만 직면하는 것은 아닙니다. 현실만 직면하면 우리는 두려움 속에 넘어지고 말 것입니다. 하박국은 현실을 도피하지 않고 직면했습니다. 그러면서 동시에 그의 눈은 하나님을 향하기 시작했습니다. 여기에 두번째 시선이 있습니다.

우선 현실을 똑바로 보기 바랍니다. 역사의식을 가지십시오. 상황을 보십시오. 그런 다음 우리가 처한 문제와 아픔과 고통을 끌어안고 이제 하나님 앞에 나오기 바랍니다. 그리고 이 문제를 주장할 수 있는 하나님을 바라보기 바랍니다. 그러면 달라지기 시작합니다.

두려움 속에 떨던 하박국, 그러나 기도가 계속되면서 기도의 색깔이 달라지고 내용이 달라졌습니다. 두려움이 눈 녹듯 사라지기 시작했습니다. 그리고 적극적이고 새로운 기도의 모습이 살아오르기 시작합니다.

이제 우리는 하박국의 기도문에서 절정인 17, 18절에 이르렀습니다.

"비록 무화과나무가 무성치 못하며 포도나무에 열매가 없으며 감람나무에 소출이 없으며 밭에 식물이 없으며 우리에 양이 없으며 외양관에 소가 없을지라도."

여기까지는 아주 비관적입니다. 우리 식으로 말하면 경제가 기울고 정치가 어렵고 사업이 곤란하고 증권가의 내일이 불투명하고 무역의 역조가 계속되고 우리의 호주머니와 은행의 저축고는 비었다는 얘기입니다. 그러나 그 다음 절의 고백을 들어 보십시오.

"나는 여호와를 인하여 즐거워하며 나의 구원의 하나님을 인하여 기뻐하리로다."

즐거움, 기쁨, 웬일입니까? 잠시 전까지만 해도 부들부들 떨던 두려움의 하박국은 어디로 갔습니까?

그래서 하박국서를 추적하면서 연구하던 우리 시대의 위대한 설교가 마틴 로이드 존스는 하박국서 전체의 주제를 설정하는 책 이름을 지으면서 말하기를 "두려움에서 믿음으로"라고 했습니다. 하박국은 마침내 두려움을 넘어섰습니다. 두려움을 대신해 자기 마음속에 임한 하나님의 놀라우신 기쁨과 즐거움을 경험하기 시작했습니다. 무화과나무가 열매를 맺지 못한 것은 사실입니다. 포도나무의 열매가 적어진 것은 사실입니다. 감람나무에 소출이 없어진 것도 사실입니다. 밭에 식물이 적어진 것도 사실입니다. 외양간에 소가 없어지고 있는 것도 사실입니다. 그럼에도 불구하고 이 모든 것을 우리에게 주셨던 하나님, 그리고 주실 수 있는 하나님이 아직도 나와 함께 계심을 그는 묵상하기 시작했습니다.

이제 우리는 욥의 고통스러운 기도를 이해할 수 있습니다.
"주신 자도 여호와시요 취하신 자도 여호와시오니"(1:21). 주신 하나님이 뜻이 있어 다시 가져가신다면 우리가 무슨 이의를 제기할 수 있겠습니까? 나보다 나를 더 잘 아시는 하나님이, 내가 아는 것 이상으로 내 삶의 과거와 현재와 미래를 아시는 하나님이, 내게 무화과나무와 포도나무와 감람나무와 밭의 열매, 그리고 외양간의 소를 주셨던 하나님이 뜻이 있어 다시 그것들을 가져가신다면 불평하지 않겠습니다. 그 하나님만 함께하신다면 언제라도 그분은 되돌려 주실 줄 믿습니다. 구원의 하나님, 이 모든 것을 주셨던 하나님만 함께하신다면 나는 실망하지 않습니다. 모든 것의 구원 되신 하나님, 역사의 주인이신 하나님, 내 삶의 주인이신 하나님이 함께하신다면 나는 하나님을 인하여 기뻐하겠습니다. 내 구원의 하나님을 인하여 기뻐하겠습니다. 이것이 하박국의 고백입니다.

그리고 그 다음 절에 무엇이라 고백합니까?
"주 여호와가 나의 힘이십니다."
느헤미야의 고백이 생각나지 않습니까? 느헤미야서 8장 10절에서 그는 어떻게 고백했습니까?
"여호와를 기뻐하는 것이 너희의 힘이니라."
아무리 어려움을 당하고 있어도 죽을 것같이 인상을 쓰고 있는 사람을 보면 가까이 가고 싶지 않습니다. 그러나 냉혹한 현실을 도피하거나 무관심해 하지 않으면서, 그 모든 현실이 흔들 수 없는 마음속의 든든한 평화을 주님으로부터 간직하며 고통의 한복판에 서서 여전히 조용하게 기뻐하는 사람, 얼마나 멋있습니까? 하나님 때문에 기뻐하는 사람, 하나님 또한 기뻐하시지 않겠습니까?

그래서 예수께서 금식을 가르치면서 "금식하고 기도할 때 다 죽어 가는 인상 쓰지 말고 기름을 바르고 빛나는 얼굴을 하라"고 하셨습니다. 전지전능하신 하나님이 함께하심을 믿기 바랍니다. 구원의 하나님, 그분이 함께하시면, 필요할 때 주시지 않겠습니까? 고통 너머 내 삶을 다시 재건할 수 있는 권능의 하나님, 그 하나님을 찬양하고 기뻐하기 바랍니다.

빌리 그래함 목사님이 75회 생신을 맞이하던 날 어떤 기자가 찾아와서 이렇게 물었습니다.

"목사님은 세상을 떠난 다음에 어떤 사람으로 기억되기 원하십니까?"

저 같으면 "주님의 복음을 전하려고 최선을 다해 인생을 살았던 사람으로 기억되기 원합니다"라고 했을 것입니다. 미국 노스 캐롤라이나 같은 데 가면 벌써 그 분의 이름을 딴 거리가 생기고 있을 정도인데, 그날 목사님의 대답은 아주 시시했습니다.

그런데 그 대답의 여운이 오랫동안 제 마음속에 남아 있습니다. 그 분은 이렇게 대답했습니다.

"저는 더불어 사는 삶을 즐겁게 살고 싶어했던 사람으로 기억되기 원합니다."

삶을 즐겁게 살려고 했던 사람으로 이웃들에게 기억되고 싶다는 말씀입니다. 제가 빌리 그래함 목사님의 참모들을 개인적으로 잘 아는데 실제로 그 목사님을 만나면 그렇게 즐겁다고 합니다. 주변 사람들을 항상 즐겁게 만든다고 합니다. 늘 넉넉함이 있고 푸근함이 있고 즐거움이 있다는 것입니다.

어떤 사람이 고통 받고 있는 것을 잘 알고 있어도 그 삶이 너무나 위축되고 비관적이고 비판적이면 만나기가 싫습니다. 그러나 어떤 형제나 자매를 보면 고통을 겪고 있는 것이 사실임에도 불구하고 마음속에 견고한 평안과 기쁨이 있습니다. 분명 고통 가운데 있는데도 아직도 이웃들에게 나눌 수 있는 평안과 기쁨이 있습니다. 참으로 아름다운 삶의 모습 아닙니까? 시대가 어려워질 때, 우리를 둘러싼 삶이 어두워질 때 구원의 하나님을 인해 즐거워하는 삶을 주 앞에 구하기 바랍니다.

**셋째로, 희망의 하나님을 신뢰해야 합니다.**

고통 속에서 기도하면 하나님은 반드시 버틸 수 있는 힘을 주십니다. 그러나 하나님은 버틸 힘만 주시는 분이 아닙니다. 버티기만 하면 어떻게 합니까? 고통이 언제까지 계속 될지도 모르면서 말입니다. 그런데 19절에서 놀라운 약속 을 붙들고 노래하는 하박국의 고백을 들어 보십시오.
"주 여호와는 나의 힘이시라 나의 발을 사슴과 같게 하사 나로 나의 높은 곳에 다니게 하시리로다 이 노래는 영장을 위하여 내 수금에 맞춘 것이니라."

하박국서는 항변의 기도로 시작되었다가 하프로 드리는 노래로 끝납니다. 참된 기도를 드리면 마지막에 찬양이 터 져 나와야 합니다. 그것이 정상적인 기도입니다. 어떤 성 경학자가 이 하박국서의 문헌학적 구조를 연구하면서 1장 의 분위기가 마치 골짜기 같다고 했습니다. 1장은 골짜기 입니다. 사망의 음침한 골짜기를 지나며 하박국은 이런 질문을 던졌습니다.

"하나님 어찌하여 이 고통을, 이 어려움을 내 삶의 장(場)에 던지십니까?"

그러나 3장은 골짜기가 아니라 언덕의 정상입니다. 그 정상에서 찬양하는 모습입니다. 이미 그 찬양의 징조는 3장 1절에서부터 나타납니다.

"시기오놋에 맞춘 바 선지자 하박국의 기도라."

여기 '시기오놋'이라는 재미있는 단어가 나옵니다. 그 뜻이 무엇일까요? 그 뜻은 아무도 모릅니다. 두 가지 설(說)이 있는데, 어떤 신학자는 악기 이름일지 모른다 하고 어떤 학자들은 단순한 악기가 아니라 절정의 기쁨, 터져 나오는 기쁨을 표현하는 일종의 음악 부호일지 모른다고 합니다. 어쨌든 하박국의 기도는 찬양으로 끝납니다.

처음에는 골짜기였습니다. 그러나 골짜기의 기도로 시작된 하박국서는 마지막에 저 정상의 찬양으로 끝납니다. 하박국은 엎드려 기도하고 있었습니다. 기도 중에 하나님이 다가오사 그분의 임재를 경험하게 하셨습니다. 주님의 위로와 사랑을 느꼈습니다. 하나님은 나를 버리시지 않는다, 잠시 책망하고 징계하시지만 끝내 우리를 회복시키실 것이다, 이 어둠은 오래가지 않을 것이다, 그분은 마침내 내 발걸음을 저 높은 곳으로 인도하실 것이다. 이런 확신이 들자 그는 높은 곳에 올라 주님을 찬양하기 시작했습니다. 할렐루야! 참된 기도를 한 사람은 이렇게 터져 나오는 찬양으로 자신의 기도가 승리한 기도요 승리의 마무리가 된 줄로 믿습니다.

“주 여호와는 나의 힘이시라 나의 발을 사슴과 같게 하사 나로 나의 높은 곳에 다니게 하시리로다.”
주께서는 단순히 고통 속에 버틸 힘만 주시는 것이 아닙니다. 내 발을 사슴의 발과 같게 하신다고 했습니다. 사슴 하면 그 뿔과 날렵한 다리가 생각납니다. 사슴은 투명한 눈동자로 위험을 감지합니다. 골짜기에서 위험을 느낀 사슴은 그 즉시 날렵한 다리로 고지(高地)를 향해 춤추며 오르기 시작합니다. 잠시 후, 골짜기에 있던 사슴은 어느새 저 높은 고원의 언덕에 서서 아무 일도 없었던 것처럼 골짜기를 굽어봅니다. 그 날렵한 사슴의 모습을 생각해 보십시오.

저 높은 곳에 있는 사슴. 하나님이 우리의 삶을 그렇게 인도하시겠다는 것입니다. 방금 전까지 우리는 어둠의 골짜기를 헤매고 있었습니다. 거기서 우리는 울고 있었습니다. 거기서 우리는 아파하고 있었습니다. 거기서 우리는 혼란스러워하고 있었습니다. 거기서 우리는 기도하고 있었습니다. 그러나 주께서 사슴의 발같이 내 발을 들어올려 그 위험을 피하게 하시고 드디어 저 높은 언덕, 나의 높은 곳, 나의 가능성의 고지에 서게 하십니다. 이웃들이 나에게 기대하는 고지가 중요한 것이 아닙니다. 현대인들은 경쟁으로 괴로워합니다. 이웃들이 요구하는 기대 속에 묶여

살지 마십시오. 하나님이 내게 기대하시는 곳, 내 길만 가면 됩니다. 내가 서야 할 나의 정상에 서면 됩니다. 나의 아름다운 정상에 마침내 서게 하시고 그곳에서 인생의 남은 날을 주의 영광을 위해 아름답게 다니게 하실 그 하나님을 신뢰하기 바랍니다.

2장 4절은 이 하박국서 전체의 주제가 되는 중요한 구절입니다.
"보라 그의 마음은 교만하며 그의 속에서 정직하지 못하니라 그러나 의인은 그 믿음으로 말미암아 살리라."
어디서 많이 본 구절 같지요? 로마서에 나오는 말씀입니다. 그러나 오리지널은 하박국서입니다. 4절 첫부분에서 "그의 마음"은 그 시대 사람들의 모습을 말합니다. 그들은 교만하고 부정직하게 살았습니다.

지금도 마찬가지입니다. 그러나 상관하지 말고 믿음으로 살아가십시오. 오직 의인은 이 부정직하고 교만한 세대 가운데서, 혼란스럽고 욕망과 탐욕으로 가득 찬 세대 가운데서 깊고 어둡고 고독하고 고통스러운 골짜기라 해도 믿음으로 전능하신 하나님을 신뢰하며 앞으로 나아갑니다. 주께서 새로운 힘을 주실 것입니다. 내 미래의 현실을 직면할 용기를 주실 것입니다. 놀라운 평안이 임할 것입니다. 그 기쁨을 주사 고통을 이기고 마침내 내가 도달해야 할 내 가능성의 정상에 내 발걸음을 세워 주실 전능의 하나님을 신뢰하기 바랍니다.

1981년 4월 미국에서 수상스키 선수를 꿈꾸던 타드 허스턴이라는 20세 청년이 수상스키 경주를 마치고 스키 로프를 끄르려 하다가 그만 배에 달린 기어 프로펠러에 다리가 말려들어가 다리를 잃어버렸습니다. 결국 다리를 절단하고 두 개의 의족에 의지하여 사는 처지가 되었습니다. 절망 속에서도 이 청년은 그리스도인이었기 때문에 성경을 읽었습니다. 하박국서를 읽었습니다. 그리고 이렇게 기도했습니다.

"하나님, 포기할 수 없는 내 인생, 아직도 남아 있는 가능성, 내가 도달해야 할, 내가 살아야 할 삶의 모습은 무엇입니까?"

그는 기도하는 가운데 심리학을 공부하기로 결심했습니다. 대학에 가서 심리학을 공부하고 남부 캘리포니아의 재활병원 의학센터에 상담원으로 취직했습니다. 자기와 같은 장애인, 발을 잃어버리고 손을 잃어버린 불편한 이웃들을 돕고 그들에게 용기를 불어넣는 일을 했습니다.

그러던 어느 날 그가 기도를 하다 잠들었을 때 하나님께서 자꾸만 산으로 올라가라 하시는 꿈을 꾸었습니다. 꿈속에서 미국 각 주(州)를 보여 주셨습니다. 캘리포니아 주를, 몬타나 주를, 뉴멕시코 주 등을 자꾸만 보여 주시며 각 주마다 그 주에서 가장 높은 산에 올라가라 하셨습니다. 그는 꿈속에서 하나님께 "하나님이 자꾸 올라가라고 하시면 올라가야지요"라고 응답했습니다. 똑같은 꿈을 몇 번이고 자꾸 꿨습니다.

　그러다 그는 어느 날 꿈에서 깨어나 슬며시 웃으며 이렇게 생각했습니다.

"하나님, 재미있네요. 정말 제 의족을 가지고 50개 주마다 최고로 높은 산에 올라가라고 저한테 요구하시는 겁니까? 그거 굉장히 좋은 아이디어입니다. 한번 해보겠습니다. 이것은 저와 같은 장애인 친구들한테 놀라운 꿈이 될 것입니다. 그들의 삶에 격려가 될 것입니다. 제가 그 계획을 세워 도전해 보겠습니다."

그는 「서키트 아메리카」라는 프로젝트를 만들어 미국 50개 주의 최고봉들을 의족으로 정복하기로 결심했습니다. 1994년 6월 1일 드디어 저 알라스카 주의 매킨리봉에서부터 최고봉들을 향한 그의 정복 여행은 시작되었습니다. 그는 여러 차례 위험한 고비를 넘기며 아슬아슬하게 목숨을 지켜 갔습니다. 수많은 기자들이 따라가며 "어째서 이런 모험을 하면서 무모한 일에 도전하십니까?"라고 묻자 타드는 이런 대답을 했습니다.

"나는 전능하신 하나님을 믿습니다. 그 하나님이 내게 주신 가능성에 도전하려고 합니다. 그리고 이 도전이 나의 사랑하는 장애인 친구들에게 꿈과 용기가 될 수 있기를 소망합니다."

　드디어 그는 이 최고봉 정복의 여정을 출발한 지 66일째 되던 날인 8월 7일 오전 11시 57분, 66일 21시간 47분 만에 50번째 주 50번째 산인 하와이의 마흐나키아 정상에 우뚝 섰습니다. 50개 산 정상을 다 정복해 버렸습니다. 그리고 그는 그 산 높은 곳에서 전능하신 하나님 앞에 찬양을 드렸습니다. "저 높은 곳을 향하여"라는 찬양이었습니다. 이 장면이 미국의 TV에 방영되었습니다. 그는 엎드려 기도 드렸습니다.

"전능하신 하나님, 나의 가능성의 정상을 도전케 하신 하나님을 찬양합니다. 이 땅의 모든 장애인들이 저마다 그 삶의 가능성의 정상을 포기하지 않고 저 높은 곳을 향하여 오르게 도와주시옵소서."

삶이 지금은 어둡고 깊은 고통의 골짜기를 지나고 있을지라도 기도하십시오. 전능하신 하나님의 긍휼과 사랑을 구하고 하나님을 신뢰하십시오. 이 고통스러운 오늘의 현실 저편에 주께서 나를 위해 준비하신 빛나는 저 높은 언덕을 바라보십시오. 그곳에 마침내 내 발을 세워 주실 전능자 하나님을 신뢰하고 저 높은 곳을 향한 도전을 지금 시작하십시오.

오늘 내 인생이 깊고 어두운 골짜기를 지나고 있는 것처럼 느껴집니까? 끝날 것 같지 않은 깊은 골짜기. 그러나 기도하면 이 골짜기에 하나님의 기쁨과 하나님의 평강이 임합니다. 여기 이 골짜기에 내리시는 하나님의 성령이 계십니다. 주의 임재를 느껴 보십시오. 그 하나님을 신뢰하고 저 높은 언덕을 향해 계속 오르십시오. 마침내 내 발을 저 높은 곳에 세우실 하나님을 바라보십시오. 이 고통은 마냥 계속되지 않습니다. 곧 끝날 것입니다.

## 창조적 기도 생활을 위한 토의와 훈련

1. 하박국의 기도의 주제였던 부흥의 참뜻은 무엇입니까?

2. "진노 중에서라도 긍휼을 잊지 마옵소서"라는 하박국의 기도의 의미를 풀어서 설명해 보십시오.

3. 참된 기도는 "눈을 뜨고 해야 한다"는 말이 무슨 뜻입니까?

4. 찬양으로 마무리되는 기도회를 한번 해봅시다.

# 8

# 바울의 기도

※ ※ ※

## 에베소서 3장 14~21절

"이러하므로 내가 하늘과 땅에 있는 각 족속에게 이름을 주신 아버지 앞에 무릎을 꿇고 비노니 그 영광의 풍성을 따라 그의 성령으로 말미암아 너희 속사람을 능력으로 강건하게 하옵시며 믿음으로 말미암아 그리스도께서 너희 마음에 계시게 하옵시고 너희가 사랑 가운데서 뿌리가 박히고 터가 굳어져서 능히 모든 성도와 함께 지식에 넘치는 그리스도의 사랑을 알아 그 넓이와 길이와 높이와 깊이가 어떠함을 깨달아 하나님의 모든 충만하신 것으로 너희에게 충만하게 하시기를 구하노라 우리 가운데서 역사하시는 능력대로 우리의 온갖 구하는 것이나 생각하는 것에 더 넘치도록 능히 하실 이에게 교회 안에서와 그리스도 예수 안에서 영광이 대대로 영원 무궁하기를 원하노라 아멘."

※ ※ ※

**영국에** 줄리안 모리스라는 괴팍한 부자 한 사람이 있었습니다. 그는 어린 시절에 미아가 되어 걸인 생활을 한동안 했습니다. 그러던 어느 날 자기가 굉장한 부자의 아들이라는 사실이 밝혀져 집으로 돌아가 막대한 유산을 받고 졸지에 거부(巨富)가 되었습니다. 그런데 이 사람은 부자가 되고 나서도 걸인 행세를 지속하는 유별난 행동을 했습니다. 날이 밝으면 걸인의 옷차림으로 면도날, 비누, 샴푸 같은 것을 집집마다 팔러 다녔습니다. 그러다가도 한 달에 한 번쯤은 자기 소유의 최고급 리무진을 타고 런던의 초호화 레스토랑에 가서 식사를 했습니다. 1년에 한두 번은 파리를 비롯한 구라파의 다른 도시들을 다녀오기도 했습니다. 그러나 그 이튿날이면 다시 비누와 샴푸를 팔러 다녔습니다. 다 떨어진 남루한 옷차림, 초점없이 방황하는 눈동자를 보면 그는 영락없는 걸인이었습니다.

때때로 저는 오늘을 살고 있는 그리스도인들의 모습이 아주 그와 흡사하다는 생각을 합니다. 예배 드리는 순간에는 하나님의 자녀다운, 왕자다운 모습입니다. 우리가 예수를 믿는 순간 주께서 엄청난 하나님의 기업(基業)을 약속하셨기에, 우리는 그분의 아들 딸, 곧 만왕의 왕이신 하나님의 자녀가 된 기쁨을 찬양합니다. 그러나 다음날이면 구체적인 삶의 장(場)에서 무력해 하고 좌절하고 방황하고 이웃들에게 도움을 청해야 하는 우리들의 연약한 모습을 보십시오. 영락없는 거지 신세가 아닌지요.

바울 사도는 이러한 그리스도인들이 그리스도 안에서의 부요를 회복하는 놀라운 삶을 사는 것을 보고 싶었습니다. 그래서 그들을 위해 기도하고 편지를 쓴 것이 에베소서입니다. 에베소서를 보면 바울이 이 서신을 기록하게 된 동기를 설명하는 매우 중요한 단어인 "풍성"과 "충만"을 계속 접하게 됩니다. 기회가 있으면 이 두 단어가 에베소서에 얼마나 자주 나타나는가 확인해 보십시오.

"풍성"이 양적인 강조라면 "충만"은 좀더 질적인 강조라 할 수 있습니다. 풍성하고도 충만한 삶, 그 삶의 회복을 위해 바울 사도는 에베소 교인들을 위해 기도했습니다. 그의 기도는 이렇게 시작됩니다.
"이러함으로 내가 하늘과 땅에 있는 각 족속에게 이름을 주신 아버지 앞에 무릎을 꿇고 비노니"(14, 15절).
하나님의 모든 가족은 두 곳에 나뉘어 살고 있습니다. 하늘에 사는 족속은 이미 지상에서의 싸움을 끝내고 영광 중에 부르심 받아 하나님의 은총의 안식에 들어가 있습니다. 그들은 하나님의 영광을 마음껏 누리고 있습니다. 바울은 그들을 생각하다가 아직도 땅에 남아있는 하나님의 자녀들도 생각했습니다. 그들은 얼마나 빈궁하고 연약하게 이 땅의 싸움에 지친 모습으로 인생을 살고 있는지요. 그들이 그리스도 안에서 주님이 그들을 위해 예비하신 풍성하고도 충만한 하나님의 부요를 알았으면 좋겠다는 마음의 부담을 가지고 바울은 기도했습니다.

우리의 삶 가운데도 하나님의 부요가 회복될 수 있을까요? 풍성하고도 충만한 삶을 회복하기 위해 우리는 구체적으로 어떤 기도를 해야 할까요? 바울의 기도는 우리에게 바로 그것을 가르치고 있습니다.

## 속사람이 능력으로 강건하게 되기를 구함

"그 영광의 풍성을 따라 그의 성령으로 말미암아 너희 속사람을 능력으로 강건하게 하옵시며"(16절).
속사람이 강건해져야 합니다. 그런데 현대는 반대로 겉사람을 강조하는 시대입니다. 육체를 강조하는 시대입니다. 아마도 현대인들의 초미의 관심사, 최대의 관심사는 건강일 것입니다. 행복의 제일조건을 건강이라고 생각합니다. 유행처럼 번져 나가는 소위 건강 산업들의 모습을 보십시오. 사람들이 얼마나 건강과 육체에 대해 지대한 관심을 쏟고 있습니까?

물론 건강도 중요하지만 성경을 아는 그리스도인들이라면 이 겉사람보다 더 관심을 가져야 할 중요한 삶의 영역이 있습니다. 바로 속사람입니다. 바울은 고린도후서 4장 16절에서 "우리의 겉사람은 후패한다"고 했습니다. 열심히 운동하십시오. 운동하는 것 절대로 반대하지 않습니다. 그러나 한 가지 제가 예언하겠습니다. 아무리 헬스 클럽 다니고 열심히 뛰고 운동을 해도 그 육체는 결국 후패할 것입니다. 다시 바울의 얘기를 들어 보십시오.

"겉사람은 후패하나 우리의 속은 날로 새롭도다."
어느 날 주님 앞에 서는 날 우리의 영혼은 어떤 모습일까
요? 이 땅에 사는 동안에도 영혼이 부요하면 육체도 동시
에 건강을 누릴 수 있습니다.

요즘 서점에 가면 베스트셀러 가운데 『뇌내혁명』(腦內革
命)이라는 책이 잘 팔립니다. 일본의 하루야마 시게오라는
사람이 쓴 책입니다. 그런데 이 사람이 이 책을 쓰기 30년
전에 쓴 책을 보면, 그는 그때도 건강에 관심을 가졌습니
다. 그리고 건강의 6대 조건을 제시합니다. 첫째는 피곤하
지 않게 사는 것, 둘째는 적절한 잠, 셋째는 식욕 절제, 넷
째는 화내지 않는 것, 다섯째는 계속적인 두뇌의 사용, 여
섯째는 운동입니다. 그리고 각각의 비중을 10-20%로 적절
하게 배정했습니다.

그런데 30년 후 이 사람이 『뇌내혁명』을 쓰면서 정말 인
간에게서 필요한 것 여섯 가지에 한 가지를 더 첨가했습니
다. 그것은 마음의 평안입니다. 그리고 이 사람은 마음의
평화가 건강에서 차지하는 비중을 55%로 보았습니다. 다
른 모든 것보다 중요한 것은 마음의 평화라는 말입니다.

속사람의 부요는 중요합니다. 우리 영혼이 부요하지 못하
다면 실제로 건강한 삶은 이루어질 수 없는 것입니다. 내
마음의 상태는 어떻습니까?

바울은 에베소 성도들을 향해 이렇게 기도했습니다.
"너희 속사람을 능력으로 강건하게 하옵시며."

우리 영혼이 하나님의 은혜로 건강해지려면 하나님의 은총의 선물들을 계속 받아야 합니다. 그런데 우리의 속사람이 강건해야 그 선물들을 감당할 수 있습니다. 집집마다 쓰레기 처리를 위해 규격 봉투를 사용하는데 그 봉투가 튼튼하지 못하면 거기에 쓰레기를 담을 때 찢어질 것입니다. 하나님은 우리 속사람의 건강을 위해 평화도 주시고 안식도 주시고 기쁨도 주시고 거룩함도 주고자 하십니다. 그런데 그것을 감당할 수 있는 우리의 속사람이 건강해야 합니다. 그랬을 때 우리는 이 모든 것을 소유한 넉넉하고도 풍성한 영혼이 될 수 있습니다.

그러면 이런 것들을 공급받는 원천은 무엇입니까? "그 영광의 풍성을 따라"(16절).
어떤 성경학자는 바울 사도가 "영광의 풍성으로부터"라고 하지 않고 "영광의 풍성을 따라"라고 한 점에 주목할 필요가 있다고 합니다.
내가 백만장자여서 어떤 젊은 친구에게 장학금이 필요해서 내 재산 중에서 천만 원을 주었다고 합시다. 내가 가진 "부요로부터" 얼마를 나누어 준 것입니다. 그러나 16절에서는 "…으로부터"가 아닌 "…따라"(according to)를 사용했습니다. 주님의 풍성에 근거하여, 즉 그 풍성에 비례해서 주신다는 것입니다. 이것은 한 번만 주는 것이 아니고 계속해서 주는 것입니다.

우리는 하나님의 풍성함에 의지해서 날마다 우리의 속사

람에 필요한 건강의 요소들을 공급받을 수 있습니다. 무엇이 필요합니까? 평화가 필요합니까? 안식이 필요합니까? 기쁨이 필요합니까? 주께서는 성령의 능력을 통해 내 속사람의 강건을 위한 모든 필요를 공급하기를 기뻐하십니다. 그러므로 하나님의 성령을 의지하고 산다는 것, 그리고 성령과의 막힘없는 교제를 통해 하나님의 은혜들이 내 삶 속에 부어져 속사람이 날로 건강을 유지하는 것, 이것이 행복의 가장 중요한 조건입니다. 풍성한 삶, 충만한 삶을 위해, 속사람의 강건을 위해 기도하기 바랍니다.

## 그리스도가 우리의 마음을 주장하시기를 구함

예수 그리스도가 우리의 마음을 온전히 지배하도록 기도해야 합니다. 그것이 17절 말씀입니다.

"믿음으로 말미암아 그리스도께서 너희 마음에 계시게 하옵시고."

여기서 "계신다"는 단어는 우리가 쉽게 말하는 "그리스도가 내 안에 계신다" 하는 정도의 표현이 아닙니다. 물론 우리는 믿음으로 예수 그리스도를 영접합니다. 그리고 그리스도는 우리 안에 계십니다. 그러나 여기서 "계신다"는 단어는 존재만 한다는 의미가 아닙니다. 헬라어로는 매우 독특한 단어가 쓰여졌습니다.

일반적으로 "거한다", "계신다"는 뜻의 헬라어에는 두 가지가 있는데 한 단어는 '일시적으로 있다', '손님으로 존

재한다', '부분적으로 존재한다'는 의미이고, 또다른 단어
는 '영원히 거한다', '온전히 전체를 다 소유한다', '주인
이 되어 거한다'는 의미입니다. 본문에서는 후자의 의미입
니다. 주님은 우리 안에 오실 때 손님으로 오기를 원치 않
으십니다. 그분은 내 마음의 모든 영역, 내 생각의 모든
영역들을 온전히 지배하는 주인이 되기를 원하십니다.

　질문이 있습니다. 오늘 예수님은 당신의 모든 영역을 참
으로 지배하고 주장하고 다스리신다고 고백할 수 있습니
까? 아마도 이 부분에서 이 시대를 살아가는 전세계 그리
스도인들에게 매우 도움이 된 조그마한 책자가 있습니다.
로버트 멍어라는 사람이 쓴 『내 마음 그리스도의 집』(*My
Heart Christ's Home*)입니다. 이 책은 이런 얘기로 시
작됩니다. 예수님이 우리 마음의 왕국, 마음의 집에 손님
이 아니라 주인으로 오십니다. 그분이 내 마음에 주인으로
오신다면 내가 그분을 향해 제일 먼저 해야 할 일은 무엇
입니까? "주인님, 마음대로 다니면서 원하는 대로 하십시
오"라고 그분에게 열쇠를 드려야 합니다. 그런데 그분을
주인으로 모셔 놓고도 이렇게 말하는 광경을 상상해 보십
시오.
"주인님, 이 방에는 들어오시면 안 돼요. 이 방에는 좀 곤
란한 것들이 있습니다."
그러면 그분은 그 영역에 관한 한 주인이 되지 못하시는
것입니다.

그런데 그런 모습으로 사는 그리스도인들이 얼마나 많은지 모릅니다.

"하나님! 내가 예배하는 동안 나를 지배하고 다스려 주십시오. 내 미래의 계획에 관한 한 주께 맡깁니다. 하나님, 인도해 주십시오. 그러나 내가 사업을 위해서 매우 중요한 결정을 하고 있는데 이 문제만은 내게 확고한 계획이 있으므로 하나님은 간섭하지 마십시오."

"하나님, 저는 주님 뜻대로 살기 원합니다. 저를 지배하시기 원합니다. 그러나 지금 제가 교제하는 그 형제가 너무 너무 좋아요. 이 문제에 관해서는 제 계획대로 제가 하고 싶은 대로 할 수 있도록 내버려 두십시오."

이것은 아직도 그리스도가 주인이 아닌 모습입니다.

내 삶의 모든 영역에서, 내 사고(思考)의 모든 영역에서 그분이 온전히 나를 지배하십니까? 그분이 내 마음의 방들을 돌아다니실 때 어떤 방은 기뻐하지 않으시고 "얘, 이것은 너무 지저분하다. 치우자. 네 생각이 잘못되었다. 네 습관이 잘못되었다. 고치자"고 하실지 모릅니다. 그분은 때때로 나와 더불어 청소하실 것입니다. 향수를 뿌리실 것입니다. 그리고 마음의 방마다 그분의 임재로 채우실 것입니다. 그분의 향기, 그분의 능력으로 가득 채워진 우리 존재의 왕국을 생각해 보십시오. 풍성한 삶, 충만한 삶, 그것은 그리스도께서 온전히 주인 되신 삶입니다. 그러기 위해 그리스도의 주권 앞에 내 삶을 복종한다는 것이 얼마나 중요합니까? 풍성한 삶을 원하십니까? 충만한 삶을 소원합니까? 믿음으로 그리스도가 내 마음을 주장하시기를 구하기 바랍니다.

## 지식에 넘치는 그리스도의 사랑을 알기를 구함

우리가 정말 풍성하고 충만한 삶을 살려면 그리스도의 사랑을 알게 해달라고 기도해야 합니다. 앞의 두 가지 간구와 이것은 논리적으로 서로 연결되어 있습니다. 우리 속사람이 건강하려면 예수께서 우리의 마음속에 주인이 되셔야 합니다. 그리고 그분이 주인이 되어서 우리의 생각과 마음을 온전히 다스리기 위해서는 우리가 주님을 사랑하지 않고는 될 수가 없습니다. 그래서 18절과 19절에서 바울 사도는 에베소의 성도들이 주님의 사랑을 알게 해달라고 기도합니다.

"능히 모든 성도와 함께 지식에 넘치는 그리스도의 사랑을 알아 그 넓이와 길이와 높이와 깊이가 어떠함을 깨달아 하나님의 모든 충만하신 것으로 너희에게 충만하게 하시기를 구하노라."

18절에서 "능히 모든 성도와 함께 지식에 넘치는 그리스도의 사랑을 알아"라고 할 때, 여기서 "안다"라는 말은 예수님을 단순히 지식적으로만 안다는 뜻이 아닙니다. 예수 믿는 사람들은 주님이 나를 사랑하신 것을 압니다. 그러나 그 피상적인 앎, 표면적인 지식 그것만 가지고는 만족하지 못합니다. 바울은 그리스도인들이 그리스도의 사랑의 넓이와 길이와 높이와 길이가 어떠함을 깨달아 알기를 원합니다. 주님의 이 사랑을 알게 된다면 그 주님이 내 삶과 내 사고(思考)의 모든 영역에 당연히 주인이 되실 것입니다.

당신이 어떤 사람을 잊지 않고 늘 생각하게 된다면, 그 경우는 두 가지가 있습니다. 하나는 그 사람이 원수일 경우입니다. 생각만 하면 괴로운데 잊어버렸으면 좋겠는데 잊어버릴 수가 없습니다. 원수가 있으면 그 사람 생각에서 자유할 수가 없습니다. 나에게 상처를 준 사람은 내 마음에서 떠나지 않습니다. 또 한 경우가 있습니다. 사랑하는 이가 있으면 사랑하는 이의 환상에서 나는 자유할 수가 없습니다. 그(그녀)는 내 마음속에서 늘 나를 지배하고 다스립니다.

이 말이 지금 젊은이들 사이에서도 유행하는지 모르겠지만 제가 결혼할 때는 그 말이 유행했습니다.
"결혼은 사랑의 무덤이다."
들어보셨습니까? 저는 과거 이 말을 진리로 믿었습니다. 결혼하면 사랑의 의지적인 면은 좀 남겠지만 사랑의 불타는 감정은 남겠는가? 늘 부딪치고 살다보면 그저 정으로 살아가는 것이겠지 하고 생각했습니다. 그래서 저는 결혼하면 사랑의 애틋하고 달콤한 감정은 다 사그라질 것으로 생각했습니다. 그러나 막상 결혼하고 나니까 그렇지 않더라고요. 다른 사람들은 어떤지 모르지만 저는 갈수록 더 생각하게 되더라고요. 이제는 아예 한순간도 옆에 없으면 못 살겠어요. 저는 주야로 그녀만 생각합니다. 최근에 제가 너무너무 좋아하게 된 찬송가(?)가 있습니다.

> 이 세상에 하나밖에 둘도 없는 내 여인아
>
> 보고 또 보고 또 쳐다봐도 싫지 않은 내 사랑아
>
> 비 내리는 여름날엔 내 가슴은 우산이 되고
>
> 눈 내리는 겨울날엔 내 가슴은 불이 되리라
>
> 온 세상을 다 준대도 바꿀 수 없는 내 여인아
>
> 잠시라도 떨어져도 못 살 것 같은 내 사랑아.

나훈아가 부른 찬부가(讚婦歌)입니다.

사랑하게 되면 그 사랑하는 사람이 내 마음을 지배하고 다스리게 됩니다. 사랑할수록 그는 내 삶의 가장 중요한 부분이 되는 것입니다. 그래서 바울은 다음과 같은 뜻으로 말한 것입니다.

"나는 여러분들이 그리스도의 사랑을 알게 되기를 바랍니다. 그리고 그리스도가 여러분의 모든 사고와 존재의 영역을 지배하는 주인이 되시기를 원합니다. 그러기 위해서 기도합니다. 저는 여러분이 그리스도의 사랑의 넓이를 알았으면 좋겠습니다."

그러면 사랑의 넓이는 무엇이고 사랑의 길이, 높이, 깊이는 무엇입니까? 한 신학자는 "이 모든 것은 십자가로 설명될 수 있다. 십자가야말로 그 사랑의 넓이를, 길이를, 그 사랑의 깊이와 높이를 우리에게 자명하게 보여 주지 않는가"라고 말했습니다.

여기서 예수님의 십자가에 나타난 이 사랑의 네 가지 차원을 한번 생각해 보도록 하겠습니다.

### 첫째 / 그리스도의 사랑의 넓이

그리스도는 모든 사람을 위해 돌아가셨습니다. 그분이 사랑할 수 없는 사람은 아무도 없습니다. 그 사랑의 넓이는 온 세상을 포함합니다.

"하나님이 세상을 이처럼 사랑하사"(요 3:16).

유대인들은 하나님이 자기들만 사랑한다고 생각했습니다. 바울도 유대인입니다. 그런데 바울이 성경을 읽다가 깜짝 놀랐던 사실은, 하나님이 이방인을 사랑한다는 사실이었습니다. 복음은 이방인들을 변화시키고 있었습니다. 이방인까지 품으시는 하나님, 그 하나님의 사랑은 얼마나 넓은 것입니까? 그래서 그 하나님은 나도 사랑하시고 내 이웃도 사랑하시고 고넬료도 사랑하셨던 것입니다. 그 사랑의 넓이를 한번 생각해 보십시오.

### 둘째 / 그리스도의 사랑의 길이

그리스도는 한번 사랑하면 영원히 사랑하겠다고 선언하십니다. 그분은 우리를 사랑하시되 끝까지 사랑하십니다. 이 사랑의 영원함을 생각해 보십시오.

### 셋째 / 그리스도의 사랑의 깊이

우리는 죄로 말미암아 지옥에 떨어져야 마땅한 사람이었습니다. 그러나 그리스도는 우리의 죄를 짊어지고 십자가에서 죽으셨을 뿐만 아니라 내가 받아야 할 하나님의 진노와 저주를 담당하고 지옥까지 내려가셨습니다.

우리말 사도신경에서 번역할 때 빼먹은 내용이 있습니다. "「본디오 빌라도」에게 고난을 받으사, 십자가에 못박혀 죽으시고" 다음에 "장사당하신 후에 지옥에 내려가셨더라"는 내용이 빠져 있습니다. 그리스도는 우리의 허물과 죄를 담당하시고 지옥까지 내려가셨습니다. 저 죄악의 깊은 심연, 지옥의 저주를 받아 마땅한 나를 위해서 음부까지 내려가시사 나를 끌어올리신 사랑의 깊이를 생각해 보십시오.

### 넷째 / 그리스도의 사랑의 높이

에베소서 2장 6절을 보면 그리스도는 우리를 구원하신 다음에 우리를 자신의 하늘의 보좌에 함께 앉도록 하십니다. 나를 구원만 하신 것이 아니라 자신의 보좌에 함께 앉혀 놓고 함께 교제하기를 기뻐하시는 그리스도의 사랑의 높이를 생각해 보십시오.

당신이 이러한 그리스도의 사랑을 깨닫게 되기를 원합니다. 그렇다면 그분이 내 삶의 주인이 되는 것이 마땅하지 않겠습니까? 나를 사랑하신 주님이 내 삶을 온통 지배할 때 그때 경험할 수 있는 놀라운 일이 있습니다. 다시 19절 말씀을 보겠습니다.

"그 넓이와 길이와 높이와 깊이가 어떠함을 깨달아 하나님의 모든 충만하신 것으로 너희에게 충만하게 하시기를 구하노라."

사랑에 빠진 사람이 상대방의 임재로 충만한 것처럼 주님을 사랑하는 자도 주님으로 충만하게 됩니다. 하나님의 충만, 하나님의 어떤 충만입니까?

"하나님의 모든 충만으로."

이것은 엄청난 선언입니다.

미국 유명한 전도자요 목사님이었던 월버 체프만이라는 분이 있었습니다. 이 분이 목회하던 교회에 어떤 교인의 아들이 13세 때에 가출했다고 합니다. 그 아버지가 가출한 아들을 무려 18년 동안 찾았습니다. 13세에 가출해서 18년이 됐으니까 31세에 다시 찾았는데, 어디서 찾았느냐 하면 이 아버지가 기차 여행하다가 내린 필라델피아 역전이었습니다. 그 역사(驛舍)를 나가다 보니까 어떤 청년이 와서 구걸을 해요. 남루한 옷차림에 눈동자는 초점을 잃고 방황하고 있었습니다. 마치 마약 환자 같았습니다. 젊은이가 오더니 이 분에게 "25전만 주세요" 하며 구걸했습니다. 딱 본 순간 이상했어요. 그는 다름아닌 자기 아들이었습니다.

『야, 너 톰 아니냐. 나 아빠야.』

그러나 이 청년은 초점 잃은 눈동자로 이렇게 말하고 있었습니다.

"아저씨, 25전만 주세요."

이 아버지는 아들을 덥석 안았습니다. 그리고 이렇게 소리쳤다고 합니다.

『25전이 문제가 아니야. 아버지야 아버지란 말이야. 내 집이 네 것이야. 내 돈이 네 것이야. 내 농장이 네 것이야. 내 생명이 네 것이야. 내 모든 것이 네 것이야. 가자 집으로. 그리고 나와 함께 같이 살자.』

저는 이것이 바로 하나님의 심정이라고 생각합니다. 하나님은 자신의 모든 충만으로 우리를 채우기 원하십니다. 그런데 우리는 하나님 앞에서 인생의 어떤 거리에서 25전을 구걸하고 있습니다.

"25전 주세요."

하나님이 뭐라고 말씀하시겠습니까?

『내 것이 다 네 것이야. 내 부요가, 내 평안이, 내 은총이, 내 능력이, 내 임재가, 내 사랑이 네 것이야. 집에 가자. 나와 함께 지내자.』

하나님의 모든 충만으로 우리를 채우기를 원하시는 그 하나님의 임재와 그 하나님의 사랑속에 빠져 보십시오. 그래서 바울은 마지막에 어떤 기도를 합니까? 이 강렬하고 영광스러운 기도를 보십시오. 그것은 차라리 우리를 향한 선언입니다. 우리 가운데 역사하시는 능력대로 우리의 온갖 구하는 것이나 생각하는 것에 더 넘치도록 능히 하실 그분께 영광을 돌리십시오. 하나님의 모든 충만으로 우리를 채우기를 기뻐하시는 하나님, 그분은 오늘도 우리 곁에 다가오십니다. 그리고 25전을 구걸하는 우리에게 이렇게 말씀하십니다.

『나야, 아빠야. 나야, 하나님이야. 나의 충만으로 너를 채우기를 원하노라.』

## 창조적 기도 생활을 위한 토의와 훈련

1. 우리 삶에서 하나님의 부요가 나타나기를 소망하는 바울의 기도의 핵심적 내용들은 무엇이었습니까?

2. 우리의 속사람이 강건해지기 위한 실제적인 방안들은 무엇입니까?

3. 나의 삶에서 그리스도가 온전히 주님 되시지 못한 영역들에 어떤 것이 있는지 고백해 보십시오.

4. 주님과의 더 깊은 사랑을 체험하기 위한 기도를 피차에 나누도록 합시다.

# 9

# 예수님의 기도(1)

✳ ✳ ✳

## 요한복음 17장 1~5절

"예수께서 이 말씀을 하시고 눈을 들어 하늘을 우러러 가라사대 아버지여 때가 이르렀사오니 아들을 영화롭게 하사 아들로 아버지를 영화롭게 하게 하옵소서 아버지께서 아들에게 주신 모든 자에게 영생을 주게 하시려고 만민을 다스리는 권세를 아들에게 주셨음이로소이다 영생은 곧 유일하신 참 하나님과 그의 보내신 자 예수 그리스도를 아는 것이니이다 아버지께서 내게 하라고 주신 일을 내가 이루어 아버지를 이 세상에서 영화롭게 하였사오니 아버지여 창세 전에 내가 아버지와 함께 가졌던 영화로써 지금도 아버지와 함께 나를 영화롭게 하옵소서."

✳ ✳ ✳

**1984년** 뉴욕 마라톤 대회에서는 일반인들도 전체 코스에 도전할 수 있는 기회가 주어졌습니다. 경주가 시작되기 직전까지, 기자들은 한 젊은 여자에게 특별한 관심을 보였습니다. 신체 장애자로서 클러치를 옆에 끼고 이 대회에 참여한 그녀는 뉴욕 대학에 재학 중인 린다 다운이라는 여학생이었습니다. 그러나 막상 경주가 시작되자 사람들의 관심은 선두 그룹의 사람들에게로 자연스럽게 옮겨 갔습니다. 10시에 시작된 경주에서 이제 1, 2, 3등이 다 결정되었습니다.

오후 1시쯤 되자 이 대회는 파장으로 접어들었습니다. 열띤 취재 경쟁을 벌이던 TV 기자들도 철수했고 보도하던 아나운서들도 철수했습니다. 그런데 저녁 8시 직전 CBS 방송국에 한 시민이 전화를 걸었다고 합니다. 지금 허드슨 강변 경주로 위를 한 장애 여인이 클러치를 의지하고 뛰고 있는데 이런 장면을 보도해야 하지 않겠냐는 것이었습니다. 방송국에서는 긴급 회의가 열렸습니다. 소위 저녁 8시면 골든 아워, 즉 시청률이 최고가 되는 아주 중요한 시간입니다. 열띤 토론 끝에 방송국에서는 모든 프로그램을 취소하고 이 감동적인 장면을 생방송하기로 결정했습니다. 린다 다운은 출발선을 떠난 지 11시간 54초 만에 결승선에 골인했습니다.

무엇 때문에 이런 시도를 했느냐는 질문 앞에 그녀는 "내 목표는 처음부터 입상하는 것이 아니라 완주하는 것이었습니다. 나는 그 목표를 성취했을 따름입니다. 나 같은 장애인도 인생의 목표에 도전할 수 있다는 용기를 나누고 싶었습니다"라는 말을 남겼습니다.

인생은 마라톤 경주라고 할 수 있습니다. 그러나 후회없이 완주하는 인생은 많지 않습니다. 한점 후회없이 인생의 경주로를 완주한 유일한 분이 있다면 그분은 아마도 우리 주 예수 그리스도라 할 수 있습니다.

본문에서 예수님이 최후의 순간에 했던 고백의 음성을 들어보십시오.

"아버지께서 내게 하라고 주신 일을 내가 이루어 아버지를 이 세상에서 영화롭게 하였사오니"(17:4).

아버지께서 주신 일을 이루어 아버지를 영화롭게 했다는 이 고백 직후에 예수님은 십자가에 달리시고 "다 이루었다"는 말씀을 남기셨습니다.

본문은 바로 그런 생애의 아름다운 완성의 순간을 앞둔 예수님의 기도문입니다. 주기도문은 제자들에게 기도를 가르칠 목적으로 하신 기도지만 이것은 자신을 위해 그리고 제자들을 위해 예수님 자신이 드렸던 기도문입니다.

아마도 최후의 만찬 후에 예수께서는 제자들의 발을 씻기시고 그 자리에서 「다락방 강화」(講話)라는 설교를 하셨을 것입니다. 설교가 끝난 후 그 다락방이나 그 근처에서 예수님은 다시 기도에 들어가셨을 것입니다. 그리고 이 기도를 마치신 후 기드론 시냇가를 건너 겟세마네 동산으로 들어가신 것으로 생각됩니다. 요한복음 18장 1절에서 "예수께서 이 말씀을 하시고 제자들과 함께 기드론 시내 저편으로 나가시니 거기 동산이 있었는데"라고 했는데 그것이 바로 겟세마네 동산이었습니다.

본문의 기도는 예수님의 마지막 기도입니다. 이 기도에서 우리는 예수님이 생애의 아름다운 완성을 향해 걸어오실 수 있도록 이끈 삶의 중요한 동기를 발견할 수 있습니다. 예수 그리스도의 제자인 우리의 삶도 후회없이 아름답게 완성되기 위해서는 다음과 같은 인식과 확신이 필요합니다.

## 하나님의 때에 대한 인식

"예수께서 이 말씀을 하시고 눈을 들어 하늘을 우러러 가라사대 아버지여 때가 이르렀사오니"(1절).
여기서 "때"는 물론 구원 역사의 완성의 때를 말합니다. 예수께서 십자가를 지시는 때, 그분이 이 땅에 오신 사명을 성취하심으로 이제 죽으셔야 하는 때를 말합니다. 예수님은 이때를 결코 잊으신 적이 없습니다. 전생애를 통해 언제나 이때를 바라보고 의식하면서 한걸음 한걸음 다가가셨던, 철저하게 계획된 삶을 사셨습니다.

특별히 요한복음에 나타난 예수님의 삶을 추적해 보면, 때에 대한 그분의 인식이 아주 확실하고도 분명함을 알 수 있습니다. 요한복음 2장 갈릴리 가나의 혼인 잔치석상에서 예수님은 이런 말씀을 하십니다.

"예수께서 가라사대 여자여 나와 무슨 상관이 있나이까 내 때가 아직 이르지 못하였나이다"(4절).

요한복음 7장 30절이나 8장 20절에는 예수님을 잡으려 하는 사람들이 많이 나옵니다. 그러나 성경은 그리스도의 때가 이르지 않았다는 사실을 계속 강조합니다. 그러다가 12장에 가면 매우 달라집니다. 이제 그리스도의 때가 다가온 것입니다. 헬라인 몇 사람이 종려주일에 예수님을 찾아왔습니다(22절). 이들은 예수님을 만나고 싶어했습니다. 유대인이 아닌 이방인들이 자신을 만나고 싶어한다는 소식을 듣고 예수께서 매우 의미심장한 말씀을 23절에서 선포하십니다.

"예수께서 대답하여 가라사대 인자(人子)의 영광을 얻을 때가 왔도다."

또 요한복음 13장에는 예수께서 제자들의 발을 씻겨 주시는 장면이 나오는데 요한은 그 일을 기록하기에 앞서 이런 말씀을 적었습니다.

"유월절 전에 예수께서 자기가 세상을 떠나 아버지께로 돌아가실 때가 이른 줄 아시고 세상에 있는 자기 사람들을 사랑하시되 끝까지 사랑하시니라"(1절).

이제 이 세상을 떠나 아버지께로 돌아가실 때가 다가온 줄 아셨다고 했습니다. 드디어 요한복음 17장에서 십자가를 지시기 직전에 예수께서 기도하며 고백하시기를 "아버지여 때가 이르렀사오니"라고 하셨습니다.

우리가 잘 아는 것처럼 예수께서는 오랜 생애를 이 땅에서 사신 것은 아니었습니다. 그분은 매우 짧은 생애를 사셨습니다. 그럼에도 불구하고 그분의 삶은 하나님께서 위임하신 과업을 유감없이 성취한 아름다운 완성의 생애였습니다. 사람들이 오래 살려고 별별 노력들을 다하고, 또 오래 산다고 선전하기만 하면 인기를 끄는데, 정말 오래만 사는 것이 무슨 의미가 있습니까? 결국은 다 세상을 떠나지 않습니까? 그냥 오래만 살았다는 것은 의미가 없습니다. 중요한 것은 살아 있는 동안 제대로 사는 것입니다.

그런데 제대로 살기 위해 제일 중요한 것은 시간 관리라고 생각합니다. 그리고 이 시간 관리의 핵심은 긴급한 일과 중요한 일의 차이를 헤아려 아는 것입니다. 어떤 일은 무지무지 급합니다. 그런데 급하다 해도 그 일이 중요하지 않을 수도 있습니다. 사실 우리의 삶을 곰곰이 객관적으로 성찰해 보면 하나도 중요하지 않은 일 때문에 바쁘게 살다가 인생을 다 낭비해 버린 경우가 얼마나 많습니까? 정말 인생을 제대로 살려면 중요한 일이 중요하게 되는 삶을 살아야 합니다. 그러려면 중요치 않은 일은 과감하게 거절할 수 있는 용기가 인생에 필요하지 않겠습니까? 그래야 이 짧은 생애를 통해 정말 하나님이 의도하신 일들을 아름답게 성취해 갈 수 있습니다.

저는 이 짧은 생애에 엄청나게 극적이고 아름다운 성취를 이룬 감동적인 한 본보기가 있다면 교회 역사에서 존 웨슬레가 아닐까 생각합니다. 그의 생애를 전기로 읽어 보면 정말 놀라운 생애를 산 사람임을 알 수 있습니다. 그는 무지무지하게 많은 것을 성취했습니다. 그가 예수 믿고 하나님의 일을 본격적으로 한 시간은 약 50년입니다. 그 50년 동안 말 타고 전도하기 위해 여행한 길이만 약 40만km입니다. 그 동안 그는 4만 2천 번의 설교를 하고 200권 이상의 책을 썼습니다.

그런데 이런 엄청난 성취가 어떻게 가능했을까요? 비결은 그의 철저한 시간 계획에 있었습니다. 그는 50년 동안 매일 새벽 4시에 일어났습니다. 먼저 하는 일은 기도였습니다. 기도하는 동안 그는 하루하루를 철저하게 빈틈없이 계획하고 그 계획대로 살아갔습니다.

어떤 사람이 존 웨슬레에게 이런 질문을 했습니다.
"예수님이 만약 10시간 후에 오신다면, 그것이 우리 생애의 종말이라면 그 동안 당신은 무엇을 하시겠습니까?"
이때 요한 웨슬레는 이런 대답을 했습니다.
『내가 계획한 대로 살 것입니다.』
그의 삶이 얼마나 철저하게 기도와 계획 속에 이루어졌는가를 보여 주는 얘기라 할 수 있습니다. 그가 시작한 감리교 운동과 감리교도들을 가리켜 영어로 "methodist"라고 하는데, 그 단어는 본래 방법, 규율, 질서를 뜻하는 "method"에서 나온 것입니다. 초기 감리교도들의 삶이 얼마나 철저한 질서와 계획 속에 이루어졌는가를 보여 주는 예라고 생각합니다.

　제가 미국 교회를 방문할 때마다 부러운 것이 하나 있습니다. 그들에게 그 한 가지는 꼭 배웠으면 좋겠다고 늘 생각하는 것인데, 소위 자원 봉사의 정신입니다. 제가 올랜도의 한 교회를 방문했는데 그 교회 직원이 무려 240명이나 되었습니다. 그런데 그 중 절반인 120명이 자원 봉사자들이었습니다. 제가 갔을 때 그 교회 안에서는 소위 조기 은퇴 운동이 벌어지고 있었습니다. 빨리 생업에서 은퇴하고 정말 하고 싶은 일을 하자는 운동인데 그 결과 많은 사람들이 교회 자원 봉사자로 일했습니다. 우리는 자원 봉사라면 "내 할 것 다 하고 시간이 남아돌아가면 어디 가서 조금 봉사하는 것"으로 생각하는데 사실은 그게 아닙니다. 그 교회 자원 봉사자들도 풀타임(full time)으로 월급 받는 사람과 마찬가지로 정확한 시각에 출퇴근하고 그 모든 규율 앞에 철저히 복종하고 철저하게 자원 봉사의 삶을 삽니다. 그것을 통해 이 교회는 엄청나게 위대한 하나님의 소명을 감당하고 있었습니다.

　최근 미국 시애틀 쪽의 한 교회가 각광을 받고 있습니다. 이 교회는 젊은 부부들을 전도하는 교회로 유명합니다. 대학교 캠퍼스처럼 젊은 사람들이 밀려들어오는데, 이 교회에 젊은 사람들이 많아진 것은 나이 많은 사람들의 봉사 때문입니다. 이 교회는 엄청나게 아름다운 시설을 갖춘 유아원을 운영하는데 자원 봉사자 할머니 할아버지들이 정성과 마음을 다해 아이들을 돌봐 줍니다. 아침부터 저녁까지 봉사하고도 돈도 거의 안 받습니다. 그러니 그런 데로 자녀들을 보내지 않겠어요? 정성을 다해 잘 봐 주고 교육을 시켜 주니까 자녀들 때문에 계속 그 교회로 사람들이 몰려오는 것입니다. 이런 자원 봉사가 얼마나 많은 사람들의 삶을 바꾸고 그들에게 복음을 듣게 하는 기회를 마련하고 있는지 모릅니다.

우리는 은퇴한다고 하면 편하게 사는 것을 생각합니다. 제가 예언을 하나 하겠습니다. 안 좋은 소리인지 모르겠지만, 여생을 편하게만 살고자 하는 분은 절대로 편하게 돌아가시지 못할 것입니다. 정말 편하게 돌아가시려면 편하게 살려고 하기보다 보람있게 후회없이 살아야 합니다. 남은 인생을 정말 보람있게 후회없이 산 사람들이 편하게 눈감을 수 있습니다. 남은 인생을 어떻게 보람있게 사느냐, 이것이 중요합니다.

요즘 미국 지도자들에게 큰 충격과 감동을 주는 책이 있습니다. 교회 지도자들에게도 너무나 신선한 감동을 안겨 주는 책인데 저도 읽으면서 말할 수 없는 감동을 받았습니다. 저자는 밥 버퍼드(Bob Buford)이고 피터 드러커라는 사람이 서문을 썼습니다. 책 제목은 『후반전』(*Half Time*)입니다. '인생의 전반전을 보내고 후반전이 남은 사람들이 어떻게 살 것인가' 라는 내용의 책입니다. 이 책에 따르면 인생의 후반전은 35세부터입니다. 저자는 앞으로의 인생 계획을 성공으로부터 중요한 일로 바꾸라고 조언합니다. 성공하겠다, 부자가 되겠다, 그것이 당신이 세상 떠나는 날 무슨 의미가 있겠습니까? 편하게 눈감으려면 이제부터는 얼마나 중요하고 의미있는 일을 하느냐로 고민하십시오. 이제부터 정말 중요한 것은 의미있는 인생을 어떻게 사느냐 하는 것입니다. 하나님의 때를 인식한다는 것은 죽음의 때를 인식하는 것이 아니라 지금 이 순간이 내가 무엇을 해야 할 때인가를 인식하는 것입니다.

## 하나님의 일에 대한 인식

하나님의 일이란 무엇입니까? 본문 4절을 보면 "아버지께서 내게 하라고 주신 일을 내가 이루어 아버지를 이 세상에서 영화롭게 하였다"고 예수께서 고백하셨습니다. 그 하라고 주신 일이란 무엇일까요?

"아버지에서 아들에게 주신 모든 자에게 영생을 주게 하시려고 만민을 다스리는 권세를 아들에게 주셨음이로소이다"(2절).

여기서 "영생을 주게 하시려고"라는 말씀이 바로 답입니다. 하나님께서 예수님에게 위임하신 일은 사람들에게 영생을 주는 일이었습니다. 구원하는 일, 영생을 허락하는 일이었습니다. 기독교 사역에서 해야 할 일이 너무나 많습니다. 그러나 가장 중요한 일, 이보다 더 중요한 것이 없는 일은 사람들에게 영생을 얻게 하는 일입니다.

인생이 짧다고 생각하십니까? 왜 하나님께서는 인생을 짧게 만드셨을까요? 전도서 기자는 이렇게 말합니다.
"하나님이 … 사람에게 영원을 사모하는 마음을 주셨느니라"(3:11).
인생이 짧기 때문에 우리는 영원을 향한 마음을 갖게 됩니다. 그러니까 짧은 인생을 살면서 영생을 얻지 못하면 그 인생은 말짱 헛것입니다.

영생이란 무엇입니까? 영생은 생명이 무한히 계속되는 것만을 의미하지는 않습니다. 물론 생명의 계속성이라는 것이 영생의 개념 안에 들어있는 것이 사실이지만 영생의 개념은 그 이상입니다. 영원한 생명, 그것은 본질적으로 하나님의 생명입니다. 하나님의 생명이기 때문에 영원합니다. 그리고 이 하나님의 생명은 그리스도 안에 주어진 생명입니다. 예수님 안에서 발견할 수 있는 생명, 거룩한 생명, 아름다운 생명, 충만한 생명, 의로운 생명입니다. 영생은 단순히 오래 사는 것만 의미하는 것이 아니라 질적인 생명을 말합니다.

그러면 우리가 영생을 얻는다, 영생을 누린다는 의미는 무엇입니까?
"영생은 곧 유일하신 참 하나님과 그의 보내신 자 예수 그리스도를 아는 것이니이다"(3절).
이것이 예수께서 정의(定義)하신 영생입니다. 쉽게 말하면 영생은 하나님을 알고 하나님이 보내신 예수님을 아는 것입니다. 여기서 안다는 것은 지적(知的) 인식이 아닌 체험적 인식을 말합니다. 제가 20년 이상 같이 산 아내를 이제야 조금 알 것 같은데 하나님에 대한 바로 그런 체험적 인식을 영생이라 하신 것입니다.

영생이란 쉽게 말하면 하나님을 경험하면서 사는 것입니다. 그리고 하나님이 보내신 예수 그리스도를 경험하면서 사는 것입니다. 하나님이 누구시며 예수님이 누구신지 깨닫고, 구주요 주님이신 예수 그리스도를 날마다 의지하고 경험하면서 사는 것, 그 은혜와 그 사랑과 그 능력 안에서 사는 것, 영원히 계속될 삶, 이것이 영원한 생명, 곧 영생입니다.

오늘날 이 땅에 살고 있는 사람들이 삶에 대해 말할 수 없는 갈증을 느끼는 것은 한마디로 하나님을 모르고 예수님을 모르기 때문입니다. 그들은 자기도 모르는 갈증 때문에 늘 허덕이고 있습니다. 권력만 취하면, 돈만 취하면, 지위만 취하면 만족할 것 같지만 그렇지 못한 인생을 우리 주변에서 얼마든지 볼 수 있습니다. 성경에서 이 모습을 아주 생생하게 보여 주는 사건이 예수님과 사마리아 여인의 만남일 것입니다. 처음에는 예수님이 목마르셨습니다. 그래서 우물가에 물 길러온 여인에게 물 달라고 요청하셨습니다. 그런데 그 여인을 바라보는 순간 예수님은 자기 앞에 서 있는 이 여자의 영혼 안에서 말할 수 없는 갈증을 보셨습니다. 목마름을 보셨습니다. 그래서 뭐라고 말씀하셨습니까?

"내가 당신에게 물 달라고 했지만 물 달라 하는 내가 누구인지 알았다면 내가 당신에게 물을 달라고 했을 것이 아니고 당신이 나에게 물 달라 했을 것이다. 그러면 나는 당신에게 영원히 목마르지 않는 생수를 주었을 것이다"(요 4:10 참조).

이것이 바로 영생입니다. 영원히 목마르지 않는 생수를 얻기 위해서는 예수님을 알아야 합니다. 그래서 주님은 자신을 소개하셨습니다. "내가 메시아다, 구세주다, 너의 삶의 주인이다"라고 말입니다. 이때 제자들이 동네에서 먹을 것을 구해다가 예수님 앞에 드렸습니다. 그런데 예수께서는 "내게는 너희가 알지 못하는 먹을 양식이 있느니라 … 나의 양식은 나를 보내신 이의 뜻을 행하며 그의 일을 온전히 이루는 이것이니라"(요 4:32, 34)고 말씀하셨습니다.

이 여자의 영혼에 영생을 경험케 하시면서 예수님은 이미 배가 부르셨습니다. 예수 그리스도를 알게 하는 것, 이보다 더 감격스러운 삶이 있을까요? 하나님과 그리스도를 사람들에게 알게 하는 이 감격을 모른다면 당신은 그리스도인의 감격을 영원히 알 수 없을 것입니다. 한 영혼이 영생을 체험하고 그리스도를 아는 놀라운 경험을 하는 것을 바라봤을 때 예수님은 잡수지 않고도 너무나 배부르셨습니다.

한번은 미국에서 사역하고 곧장 서울 오는 비행기를 탔는데 너무너무 피곤했습니다. 그래서 김포공항에 도착할 때까지 잠만 자려고 벼르고 있었습니다. 마침 제 옆 좌석이 비어 있어서 잘됐다 싶었습니다. 저는 이렇게 기도하고 싶었습니다.

"하나님, 제가 피곤한 것 아시죠? 여기는 사람이 좀 안 오게 해주십시오. 그러면 조금이라도 발을 뻗을 수 있잖아요?"

그런데 그 기도를 시작은 해놓고 끝마치지는 못했습니다. 아무래도 응답될 것 같지 않은 예감이 들어서였습니다. 그러면서도 한편으로는 기대감이 들었습니다.

비행기 문이 닫힐 때까지도 아무도 안 와서 너무너무 좋아했습니다. 그런데 마지막 순간에 한 사람이 들어왔습니다. 동양 사람 같은데 발을 절면서 클러치를 쥐고 제 쪽으로 오는 것이었습니다. 그냥 지나가겠지 하는데 제 옆에 와서 서더니 빈 좌석이 자기 자리라고 하면서 앉는 것이었습니다. 잠자기는 틀린 상황이었습니다. 그런데 이 사람이 앉자마자 자기 소개를 하기 시작했습니다. 자기는 중국에서 온 유학생이고 위스콘신 대학에서 화학을 전공했으며 지금은 학위 받은 후 조그마한 연구소 겸 사과 주스 농축 사업을 하고 있답니다. 그래서 미국과 중국을 왔다갔다하면서 사업을 확장할 계획이라고 했습니다. 말이 어떻게나 많았는지 모릅니다.

이런 사람을 보내서 잠도 못 자게 하시나 생각하는데 자꾸 속에서 "전도대상자다" 하는 소리가 들리는 겁니다. "나 자고 싶은데요…" 하다가 결국 하나님께 회개했습니다. 하나님이 보내 주셨으면 전도해야지요.

드디어 예수님에 대한 이야기를 시작했습니다. 비행기 안에서 전도하면 얼마나 좋습니까? 밖으로 도망갈 수 있습니까? 종이 한 장 놓고 그리면서 쓰면서 본격적으로 복음을 설명해 주기 시작했습니다. 중국 사람이니까 한문도 가끔 쓰면서 설명했습니다. 30분 정도 설명하니까 눈이 확 밝아진 것 같았습니다. 원래 이 사람은 복음이 알고 싶어 여호와의 증인과 석 달 공부했는데 깨닫지 못해서 미국 어떤 교회에 나갔는데 그래도 확 잡히지 않았다고 합니다. 그러면서 하는 소리가 30분 설명이 끝나지 않았는데도 복음이 너무 명확하다는 것입니다.

그래서 예수님을 구주와 주님으로 영접하겠는가 했더니 그러겠다고 해서 같이 손잡고 기도했습니다. 그런데 그 기도를 같이 하면서 갑자기 피곤이 풀리고 새 힘이 솟았습니다. 언제 피곤했는가 싶게 피곤이 다 도망갔습니다. 저는 그때 요한복음 4장의 말씀을 이해했습니다.
"나의 양식은 나를 보내신 이의 뜻을 행하는 것이다."
그렇습니다. 한평생 후회없이 살려면 편안하게만 사는 것은 아무런 의미가 없습니다. 하나님이 기뻐하시는 일을 하나님의 때, 곧 하나님이 허락하신 삶의 기간 동안 함으로써 쓰임 받는 감격을 누리기 바랍니다.

## 하나님의 방법에 대한 인식

하나님의 일을 하는 방법에 대한 분명한 확신과 인식이 필요합니다. 하나님께서 일을 맡기실 때는 분명히 능력을 주십니다. 그냥 일을 맡기시지 않고 그 일을 감당할 능력을 공급하십니다. 예수께서 제자들을 둘씩 짝지어 보내실 때도 그들에게 권세를 주셨다고 성경은 말씀합니다. 예수께서는 말씀을 전할 수 있는 권세와, 전도하다 만난 병든 자를 위해 기도할 때 그들이 고침 받을 수 있는 권세를 주시고 제자들을 보내셨습니다.

마지막에 지상명령을 주시는 장면에서도 "하늘과 땅의 모든 권세를 내게 주셨으니 그러므로 너희는 (이 권세를 의지하고) 가서 모든 족속으로 제자를 삼아"라고 하셨습니다.

그런데 중요한 것은 하나님의 일을 할 때 그분이 주신 권세를 어떻게 사용하는가 하는 문제입니다. 우선 2절 말씀을 보십시오.

"아버지께서 아들에게 주신 모든 자에게 영생을 주게 하시려고 만민을 다스리는 권세를 아들에게 주셨음이로소이다."

하나님이 예수님에게 만민 만유를 다스릴 권세를 주신 것은 영생을 주게 하시기 위해서였습니다. 그래서 예수님은 하나님이 주신 권세를 사람들이 영생을 얻게 하는 데 사용하셨습니다. 이때 예수님은 그 권세를 어떤 방법으로 사용하셨습니까?

　본문에는 "권세"라는 단어와 함께 거듭 반복되는 단어가
하나 나옵니다.
"때가 이르렀사오니 아들을 영화롭게 하사 아들로 아버지
를 영화롭게 하옵소서"(2절).
권세와 영화. 이것은 현대를 살아가는 이 시대 사람들에게
얼마나 매력적인 단어입니까? 권세를 얻는다 하면 곧바로
영화를 누리는 것이 연상됩니다. 그러나 성경이 강조하는
영화의 뜻은 무엇입니까?
"아버지께서 내게 하라고 주신 일을 내가 이루어 아버지를
이 세상에서 영화롭게 하였사오니"(4절).
우선 분명한 것은 영화란 자기 만족이 아니라는 것입니다.
예수께서는 하나님이 자신을 이 땅에 보내신 뜻대로 행하
심으로, 곧 하나님께 순종하심으로 하나님을 영화롭게 하
셨습니다.

　"아버지여 창세 전에 내가 아버지와 함께 가졌던 영화로
써 지금도 아버지와 함께 나를 영화롭게 하옵소서"(5절).
또 영화는 창세 전에 아버지와 아들 사이에, 성부(聖父)
성자(聖子) 사이에 누렸던 그 놀라운 교제의 영광을 말합
니다. 이 5절 말씀에서 "지금도"는 바로 십자가를 지는 때
를 말합니다. 조금 있으면 져야 할 십자가를 질 힘을 주셔
서 하나님을 영화롭게 할 수 있도록, 내 삶이 영화롭게 완
성될 수 있도록 도와달라고 예수께서 기도하시는 것입니

다. 여기서 영화는 결코 자기 만족이 아닙니다. 영화의 핵심 의미는 하나님의 영광을 드러내기 위해 자신을 십자가에 드리는 십자가의 길입니다.

하나님의 일을 하는 방법은 한마디로 십자가입니다. 나를 죽이는 것입니다. 내가 죽을 때 하나님의 영광이 드러납니다. 오늘 이 시대가 진통하는 이유가 어디 있습니까? 권세를 가진 사람들이 문제입니다. 권세는 어디서 주어집니까? 지식이 있을 때, 지위가 있을 때, 돈이 있을 때 권세가 생깁니다. 권세가 주어진 목적을 생각하지 않을 때 그 권세는 부패하고 타락합니다. 권세는 하나님의 영광을 위해, 이웃들을 섬기고 영원한 삶으로 인도하기 위해 하나님이 주셨습니다. 이 시대 우리 정치인들이 이런 사실을 깨닫는다면 지금과 얼마나 달라질까요? 그 동안 고생 많이 해서 얻은 권세니 이제 마음대로 누릴 수 있다는 것입니까? 그래서는 안 됩니다. 하나님의 영광을 위해, 이웃을 위해 자신을 죽이는 것, 십자가에 자신을 내어놓는 것이 진정한 의미에서 영화를 누리는 일입니다.

예수님이 원하시기만 하면 십자가에서 자신을 못박는 사람들을 처단하실 수도 있었습니다. 그분에게는 그럴 능력이 있었습니다. 그러나 예수님은 권세를 어떻게 사용하셨습니까? 자신을 죽음의 자리에 내어주셨습니다. 사람들이 영생을 얻고 죄사함을 얻고 살아계신 하나님을 섬길 수 있도록 자신을 부인하셨습니다. 하나님의 일을 이루는 방법은 바로 자기부인(自己否認)에 있습니다. 나를 죽이고 나를 숨기고, 이웃을 영생으로 인도하고 섬기기 위해 그리고 하나님의 영광을 위해 자신에게 주어진 모든 특권을 사용할 때 그 권세는 하나님의 영광을 나타내는 놀라운 수단이 될 수 있는 줄로 믿습니다.

닉슨의 보좌관으로 있다가 교도소 전도자로 다시 태어난 척 콜슨은 그의 책에서 이런 이야기를 합니다. 미국 의회 역사상 가장 감동적인 순간이 있었다면 인도 캘커타의 고(故) 테레사 수녀가 미국 국회를 방문하여 연설했던 때라고 합니다. 미국 사람들은 연설자에게 박수를 잘 보냅니다. 그런데 마더 테레사의 연설이 끝났을 때는 한 사람도 박수를 치지 않았습니다. 5분 동안 완전한 침묵이 그들을 사로잡았다고 합니다. 박수를 칠 여유가 없었습니다. 숨막히는 감동이 그들의 목과 가슴을 누르고 있었습니다. 그것은 마지막에 테레사가 던진 한마디 말 때문이었다고 합니다.
"섬길 줄 아는 사람만이 다스릴 자격이 있습니다."

후회 없이, 영광스럽고 아름답게 내 인생을 완성하려면 하나님의 때를 아십시오. 내게 맡기신 하나님의 일을 아십시오. 그리고 자신을 부인하며 하나님의 일을 하십시오. 자신을 드러내는 사람은 하나님의 일을 할 수 없습니다. 인정받으면 일하고 인정 못 받으면 일하지 않는 것은 자기부인이 아닙니다. 하나님의 일을 할 때는 나를 숨기고 나

를 죽여야 합니다. 하나님의 영광이 나타나고 이웃들이 영
생을 얻어 새로운 삶을 체험하는 감격 때문에 기뻐할 줄
아는 사람, 그는 눈감을 때 이렇게 주님처럼 말할 수 있습
니다.
"아버지께서 하라고 주신 그 일을 이루어 아버지를 영화롭
게 했습니다."

짧은 이 인생이 후회없이 결산되기를 원합니까? 사람들을
지배하고 사람들에게 대접받는 인생은 약간의 치사한 기쁨
이 있을 수 있습니다. 그러나 이웃들을 섬기고 주님 앞으
로 이끌기 위해 바쳐지는 인생, 하나님을 위해 이웃들을
위해 자신을 끊임없이 부인하는 삶, 거기에 기쁨이 있고
거기에 영광이 있습니다.

## 창조적 기도 생활을 위한 토의와 훈련

1. 예수님의 생애의 아름다운 완성을 가능케 한 세 가지 인식은 무엇입니까?

2. 나의 인생의 남은 기간이 "의미 있는 삶"에 초점이 맞추어져 있는지 이야기해 보십시오.

3. 주님이 나에게 주신 "하나님의 일"이 무엇인지 나누어 보십시오.

4. 섬김의 삶을 위한 기도를 드립시다.

# 10

# 예수님의 기도(2)

❋ ❋ ❋

## 요한복음 17장 6~10절

"세상 중에서 내게 주신 사람들에게 내가 아버지의 이름을 나타내었나이다 저희는 아버지의 것이었는데 내게 주셨으며 저희는 아버지의 말씀을 지키었나이다 지금 저희는 아버지께서 내게 주신 것이 다 아버지께로서 온 것인 줄 알았나이다 나는 아버지께서 내게 주신 말씀들을 저희에게 주었사오며 저희는 이것을 받고 내가 아버지께로부터 나온 줄을 참으로 아오며 아버지께서 나를 보내신 줄도 믿었사옵나이다 내가 저희를 위하여 비옵나니 내가 비옵는 것은 세상을 위함이 아니요 내게 주신 자들을 위함이니이다 저희는 아버지의 것이로소이다 내 것은 다 아버지의 것이요 아버지의 것은 내 것이온데 내가 저희로 말미암아 영광을 받았나이다."

❋ ❋ ❋

**이천** 년 전 종려주일은 예수님을 따르는 제자들에게 가장 신바람 나는 날이었을 것입니다. 저 베다니 마을에서 예루살렘으로 올라오는 언덕에는 이른 아침부터 사람들로 넘쳐나고 있었을 것입니다. 예수님 일행의 모습이 언덕에 나타나자 어린아이부터 노인에 이르기까지 "호산나 호산나 다윗의 자손이여 찬송하리로다" 하며 환호하고 열창했습니다. 어떤 사람들은 예수님이 오시는 길에 자기 겉옷을 벗어 펼쳐 드리기도 하고, 어떤 사람들은 나뭇잎들을 펴서 예루살렘 입성길에 융단을 깔아 드리며 그분을 환영했습니다. 이제 예수께서 이 나라의 왕이 되시는 것은 시간 문제라고 어떤 제자들은 판단했을 것입니다. 그리고 제자들은 그분이 온 나라를 통치하실 때 자기가 차지해야 할 위치, 누려야 할 권리를 계산하느라 바빴습니다.

그런데 그 이튿날 대단한 사건은 일어나지 않았습니다. 다음날 제자들은 단지 사람들이 예수님에게 더 이상 환호와 기대를 보내지 않고 서서히 그분 뒷전으로 사라지고 있다는 인상을 받았을 뿐입니다. 그러나 아직도 제자들은 포기할 수 없었습니다. 목요일 저녁 만찬석상에서도 그들은 하나님 나라가 임하시면 누가 더 높은 자리를 차지하느냐를 가지고 다투었습니다. 그때 예수께서는 "내 나라가 임할 때 섬기는 사람이 더 큰 사람이다. 나는 너희들 가운데 섬기는 자로 있겠다"고 하셨습니다. 경쟁을 통해 더 높은 위치를 확보하려고 싸우던 제자들에게는 예수님의 섬김에 대한 이런 교훈이 썰렁한 소리로 들려 왔을 것입니다.

그날 밤 예수께서는 로마 군인들에게 체포되셨습니다. 그러자 더 이상 기대를 걸 필요가 없다고 생각한 어떤 제자들은 주님을 떠나가기로 결정했습니다. 밝아오는 금요일 새벽녘 예수께서 드디어 빌라도의 법정에 서게 되었습니다. 명절날 전례를 따라 한 죄수를 놓아 주는 습관이 있었기에 빌라도는 강도 바라바를 놓아 주겠느냐 예수를 놓아 주겠느냐 사람들에게 물었습니다. 얼마 전까지만 해도 예수님을 따르던 어떤 제자들은 군중 속에 섞여 "바라바를 놓으소서. 바라바를 놓으소서. 예수를 십자가에 못박으소서"라고 소리쳤습니다. 불과 나흘에서 닷새 동안에 일어난 제자들의 비극적 변심의 이유를 어떻게 설명하겠습니까? 그것은 아마도 그들이 예수님을 통해 누리게 될 특권에 몰두한 나머지 그 특권에 따른 책임을 망각한 때문이라 할 수 있을 것입니다.

오늘 우리 민족이 겪고 있는 혼란의 원인이 어디 있다고 생각합니까? 이 나라의 지도자들이 자기 자리에서 누리는 특권보다 그 특권에 따르는 책임이 무엇인가를 깨닫고 그 책임을 다하기 위해 최선을 다했더라면 우리 역사는 얼마나 많이 달라질 수 있었을까요?

십자가를 지시기 전날밤 주께서는 사랑하는 제자들을 위해 기도하셨습니다. 요한복음 17장은 바로 그 기도문입니다. 1~5절이 십자가를 지기 위한 준비로서 자신을 위한 기도라면, 6~19절은 제자들을 위한 기도입니다. 제자들을 위한 기도였기에, 제자들의 문제, 제자들의 고통을 짊어지고 그들을 대신해 드린 기도였기에 이 기도문을 가리켜 '예수님의 대제사장적 기도'라고 합니다.

 이 기도문의 첫부분(6~10절)을 통해 예수께서는 제자들이 누려야 할 특권과 담당해야 할 책임에 대해 말씀하셨습니다. 오늘 이 시대에 예수 그리스도의 참 제자가 되기 위해 우리가 마땅히 인식해야 할 특권과 책임의 정체는 무엇일까요?

## 아버지의 이름을 아는 것

쉽게 말하면 하나님을 아는 것입니다.
"세상 중에서 내게 주신 사람들에게 내가 아버지의 이름을 나타내었나이다"(6절).
예수께서는 하나님의 이름을 제자들에게 계시하셨습니다. 이 계시의 결과 제자들은 하나님을 알게 되었습니다. 하나님에 대한 정보를 획득했다는 말이 아니라 개인적으로 하나님에 대한 어떤 확신을 갖게 되었다는 말입니다. 이름은 속성과 본질을 말합니다. 그래서 하나님의 이름을 알았다는 것은 그 이름뿐 아니라 하나님이 누구신지를 체험적으로 알게 되었다는 말입니다.

역사와 우주와 만물을 창조하신 하나님, 만물을 섭리하시는 하나님, 어제도 계셨고 지금도 계시도 내일도 계실 영원하신 야훼, 역사의 주인, 삶의 주인. 바로 그 하나님을 나의 아버지로 알게 되었다는 것은 굉장한 특권입니다. 하나님을 내가 알고 산다는 것은 보통 특권이 아닙니다. 대통령을 개인적으로 안다는 것도 놀라운 특권인데 하물며 하나님을 안다는 것은 엄청난 특권입니다. 우리가 영원히 누릴 수 있는 특권입니다.

다니엘서 11장에 이런 말씀이 있습니다.
"오직 자기의 하나님을 아는 백성은 강하여 용맹을 발하리라"(32절).
하나님을 안다, 이것이 나를 강하게 합니다. 하나님을 안다, 이것이 우리 삶에 얼마나 큰 용기와 영감을 불어넣는지 모릅니다. 내가 하나님을 알고 하나님이 만드신 세상에 살며, 세상이 어둡고 혼란해도 이 세상 주인 되신 하나님 그분이 내 아버지이심을 아는 것은 보통 특권이 아닙니다.

선배 목사님에게 들은 얘기인데, 6·25사변 때 피난 열차 안에서 있었던 일입니다. 피난 열차를 탄 사람들이니 얼마나 절망에 빠져 있었겠습니까? 언제 폭격당할지 모르는 공포 가운데 한 어린아이가 기차간 안에서 명랑하게 신바람 나서 뛰어놀고 있었습니다. 그래서 어떤 사람이 "꼬마야 너 무섭지 않니"라고 물었습니다. 그러자 꼬마는 『이 기차의 기관사가 우리 아빠예요』라고 했답니다. 우리 아빠가 이 기차를 움직인다는, 아빠에 대한 신뢰 때문에 꼬마는 그 안에서 아무런 두려움이 없었던 것입니다.

세상은 혼란하고 어지럽지만 이 만유를 주관하고 다스리시는 그 하나님이 내 아버지심을 아는 사람은 얼마나 용기를 가질 수 있을까요? 얼마나 힘이 나겠어요? 하나님을 내가 안다는 것은 큰 특권입니다. 그러나 특권임과 동시에 여기에는 책임이 따릅니다. 하나님을 안 사람은 더 깊이 알아야 합니다. 하나님을 더 깊이 알아가는 것이 성숙입니다. 우리는 나이가 먹어 갈수록 부모님을 조금씩 더 이해하게 됩니다. 저도 나이 50이 되니까 우리 부모님이 조금 이해가 되는 것 같습니다. 하나님을 알아가는 것, 그것이 성숙입니다.

호세아 선지자는 "그러므로 우리가 여호와를 알자 힘써 여호와를 알자"(호 6:3)라고 했습니다. 그러면 어떻게 해야 하나님을 알 수 있습니까? 죄인은 하나님을 알 수 없습니다. 죄인은 하나님 앞에 설 수도 없습니다. 죄인은 하나님 앞에 나갈 수도 없습니다. 그런데 복음이 있습니다. 예수께서 말씀하시기를 "내가 곧 길이요 진리요 생명이니 나로 말미암지 않고는 아버지께로 올 자가 없느니라"(요 14:6)고 하셨습니다. 우리는 예수님을 통해 하나님 앞에 나올 수 있는 줄로 믿습니다. 예수님을 통해 하나님 앞에 설 수 있고 하나님을 알고 경험할 수 있습니다. 그래서 예수님을 아는 것이 곧 하나님을 아는 것이고, 예수님을 사랑하는 것이 곧 하나님을 사랑하는 것입니다.

위대한 신학자 칼 바르트(Karl Barth)는 "예수 없는 어떤 신학에도 진정한 의미에서 신관(神觀)은 존재하지 않는다"는 말을 자주 했습니다. 예수님을 아는 사람이라야 하나님을 알 수 있다는 것입니다. 그가 미국을 방문했을 때 많은 기자들이 이 위대한 노신학자에게 이런 질문을 던졌습니다.

"당신의 신학은 무엇입니까?"

사람들은 그 분의 입술에서 굉장히 심오한 얘기가 나올 것으로 기대했는지 모릅니다. 그런데 그 분은 웃으면서 이렇게 말했습니다.

『어려서부터 불렀던 찬송가에 내 신학이 다 들어가 있습니다. '예수 사랑하심은 거룩하신 말일세 … 날 사랑하심 날 사랑하심 성경에 써 있네.' 이것이 내 신학의 전부입니다.』

나를 사랑하시는 그 예수님을 통해 하나님을 알게 되었다는 말입니다. 하나님을 아는 것은 특권인 동시에 책임입니다. 하나님을 아는 사람은 하나님을 더 깊이 알아가야 합니다. 이것이 성숙입니다. 그리스도의 참된 제자가 되기 원합니까? 주님을 알아가는 사람이 되기 바랍니다. 예수 그리스도의 깊은 사랑에 빠져 보십시오. 그리고 그리스도로 말미암아 역사를 창조하고 지배하는 섭리자 하나님, 만유의 주인 되신 그 하나님을 더 깊이 알아가기 바랍니다.

## 아버지의 말씀을 지키는 것

이 시대를 살아가는 그리스도인으로서 그리스도의 참된 제자가 되려는 사람에게 중요한 책임이 있습니다. 이것은 동시에 특권이기도 한데, 아버지의 말씀을 지키는 것입니다. 우리가 예수님 앞에 나왔을 때, 예수님을 영접할 때 받은 위대한 선물이 있습니다. 그것은 하나님의 말씀입니다. 말씀이 우리를 거듭나게 하고 인생에 비전이 되고 내게 소망이 되었다면 이 말씀보다 더 귀한 것이 어디 있습니까?

 본문 8절을 보십시오.
"나는 아버지께서 내게 주신 말씀들을 저희에게 주었사오며 저희는 이것을 「받고」 내가 아버지께로부터 나온 줄을 참으로 「아오며」 아버지께서 나를 보내신 줄도 「믿었사옵나이다」."
주께서는 이 하나님의 말씀을 제자들에게 주셨습니다. 그러나 거기서 끝나지 않습니다. "저희는 이것을 받고 내가 아버지께로부터 나온 줄을 참으로 알며 아버지께서 나를 보내신 줄로 믿었습니다"라는 말씀에서 세 가지 중요한 동사가 나옵니다. 고귀한 하나님의 말씀, 생명의 말씀, 진리의 말씀을 "받았습니다". "받았다"는 단어에 이어 나오는 두 동사가 무엇입니까? "알다"와 "믿다"입니다. 무엇을 알고 믿는다는 말입니까? 한마디로 예수님입니다. 우리가 성경을 통해 얻는 최대의 유익은 예수가 누구신지를 깨닫는 것입니다. 그분을 알게 되고 믿게 됩니다. 그리고 영생을 얻습니다. 하나님의 자녀가 됩니다. 이것이 특권인 줄 믿으십니까? 말씀이 없었다면 우리가 어떻게 예수님을 알 수 있겠습니까? 그리스도 없이 어떻게 우리가 죄사함과 영원한 생명을 알 수 있었겠습니까?

내가 말씀을 받았고 알았고 믿었습니다. 그런데 거기서 끝나지 않습니다. 말씀을 받고 알고 믿는 것보다 더 중요한 것이 있습니다. 한걸음 더 나아가야 합니다. 사실 주님은 본문에서 그것을 더 강조하시고 싶었을 것입니다. 그것은 그 받은 바 말씀을 지키는 것입니다.
"세상 중에서 내게 주신 사람들에게 내가 아버지의 이름을 나타내었나이다 저희는 아버지의 것이었는데 내게 주셨으며 저희는 아버지의 말씀을 지키었나이다"(6절).
주님은 "하나님, 제자들이 하나님의 말씀을 지키고 있습니다. 이것이 저의 기쁨입니다"라고 기도하셨습니다. 저들이 하나님의 말씀을 받았을 뿐만 아니라, 말씀을 알고 믿었을 뿐만 아니라 지켰기 때문에 저들을 바라볼 때마다 주님은 기쁨을 느끼셨습니다.

그렇다면 우리도 말씀을 받고 알고 믿을 뿐 아니라 이 말씀을 지키는 것이 중요합니다. 그런데 말씀 앞에 설 때마다, 말씀을 받을 때마다 이 말씀을 지킨다는 것이 어떻습니까? 힘들게 느껴집니까? 아직도 하나님을 알지 못해서 그렇습니다. 하나님을 정말 아는 사람이라면, 하나님을 사랑하는 사람이라면 그분의 말씀을 따라가는 것이 큰 감격

일 것입니다. 그래서 하나님을 사랑하는 사람들에게 주의 계명은 결코 무거운 것이 아닙니다. 하나님을 알지 못했더라면, 그분의 사랑을 알지 못했더라면 말씀은 우리에게 율법일 수 있습니다. 그러나 하나님을 안 사람, 그 사랑을 체험한 사람에게는 말씀을 따라 살아가는 것이 삶의 감동이요 감격인 줄 믿습니다.

누구를 사랑하면 그의 말대로 하는 것이 얼마나 큰 기쁨인지 모릅니다.

저는 결혼하고 나니까 인생이 너무너무 편해졌습니다. 아내가 하라는 대로만 하면 되니 말입니다. 옛날에는 무슨 옷을 입어야 할지, 어떤 넥타이를 맬지 고르느라 힘들었는데 지금은 하나도 힘들지 않습니다. 아내가 하라는 대로만 하고 살면 됩니다. 사랑을 하면 나를 사랑하는 이의 말을 기꺼이 따르게 됩니다. 우리는 사랑하는 대상을 아주 잘 알기에 그의 말을 따르는 것입니다. 마찬가지로, 결국 우리에게는 하나님을 아는 것이 중요합니다. 하나님을 알면 말씀을 지키게 되어 있기 때문입니다.

제가 미국에서 같이 교제하던 장로님이 있었는데, 어느 날 아들 애기를 하면서 이런 한탄을 했습니다. 아들이 여자 친구를 데리고 와서 결혼 허락을 해달라고 하길래 "우리하고 같이 살 수 있니?"라고 물었답니다. 그랬더니 아무 소리 안하고 잠시 후 나가더래요. 그리고 다음날 안 들어오더니 그 다음날도 역시 안 들어오더랍니다. 어디로 가

버린 것이었습니다. 그래서 제가 "한국에서도 안 그런데 미국에서 자란 아이들이 도대체 부모 모시고 살겠어요? 그것을 말이라고 하셨습니까?"라고 했더니, 『목사님, 저 그 애들 데리고 안 살아요. 한번 떠본 거지요. 살 용의가 있는지 확인하고 싶었어요. 그런데 이 애들이 애비 마음을 그렇게 몰라요. 애비 마음을 그렇게 몰라요』하셨습니다. 그런데 제가 가만히 그 분 얘기를 생각해 보니까 그 심정이 이해가 되는 것 같습니다. 저도 늙어 가는지 몰라도 장로님 심정이 이해가 됩니다.

저희 집 아이들이 운전 배울 때 면허는 아직 안 딴 상태에서 운전법은 조금 알아서 시간만 나면 열쇠를 달라고 해서 운전을 하려고 했습니다. 제가 같이 타서 봐주면 몰라도, 열쇠만 달랑 주고 혼자 내보내는 것은 위험한 일 아닙니까? 둘째 아이가 "아빠, 나 열쇠 주면 멀리 안 가고 요 앞에서 조금만 타고 올게"라고 하길래 저는 아무 소리 안 하고 그냥 쳐다만 봤습니다. 서로 한참 째려보았습니다. 이윽고 아이는 "아빠, 난 알아" 하면서 가더라구요. 그 아이 뒷모습을 보며 제가 속으로 무엇이라 했겠습니까요?
『너는 아빠 몰라.』
제가 얼마나 열쇠를 주고 싶었겠어요? 이제 장성한 성인이 되어 운전하는 모습을 보면 얼마나 대견스러워요? 그러나 아직 때가 안 됐잖아요? 아빠 마음을 아들이 모르는 것입니다.

하나님과 우리의 관계에서도 마찬가지 아닙니까? 하나님의 심정을 안다면 주께서 주시는 어떤 말씀은 경계로, 어떤 말씀은 금지로 다가오더라도 그것이 무겁지 않습니다. 그것이 나를 위한 말씀, 나의 유익과 축복을 위해, 인생의 승리를 위해 주신 말씀이라면 이 말씀을 따르는 것이 얼마나 감격이겠습니까? 참으로 그리스도의 제자로서 이 시대를 살기 원합니까? 주님을 아십시오. 그리고 그 말씀을 따르고 지키는 자가 되기 바랍니다.

## 그리스도의 영광에 참예하는 것

요한복음 17장의 기도문 전체는 일반적 기도가 아니라 제자들만을 위한, 제자들을 특별히 사랑하시는 주님의 특별한 기도입니다. 9절을 보십시오.

"내가 저희를 위하여 비옵나니 내가 비옵는 것은 세상을 위함이 아니요."

그래서 이것은 보편적 기도가 아닙니다. 제자들만을 위해 특별히 기도하신 내용입니다. 주님은 보편적으로 인류를 사랑하십니다. 그러나 주께서 선택하시고 기대를 갖는 제자들을 향해서는 그분의 특별한 사랑이 있다고 믿습니다. 주님은 모든 사람들을 사랑하시지만 제자들을 향해서는 특별한 사랑을 가지십니다. 하나님이 모든 사람들을 사랑하시지만 믿는 자들에게는 특별한 사랑을 갖고 계시며, 그래서 특별한 축복을 누리게 하시고 특별한 영광을 체험하게 하십니다. 그분만이 가지고 있는 영광을 제자들과 나누기를 기뻐하십니다.

"내게 주신 영광을 내가 저희에게 주었사오니 이는 우리가 하나가 된 것같이 저희도 하나가 되게 하려 함이니이다" (22절).

성부 성자 성령이 하나이시기에 아버지의 영광이 아들의 영광이었던 것처럼 아들의 영광이 아버지의 영광이 되어야 하는데, 주께서는 그 영광을 우리에게 나누어 주기를 기뻐하십니다. 그래서 베드로, 야고보, 요한, 이 세 제자를 변화산에 데리고 올라가셔서 그들에게만 특별히 주님의 영광스러운 모습을 유감없이 보여 주셨습니다.

내가 하나님의 특별한 사랑을 받는 자요, 하나님의 특별한 은총의 대상이요, 하나님의 특별한 영광을 경험하도록 선택된 하나님의 사람인 것을 인해 주님을 찬양하기 바랍니다.

그러나 이 하나님의 특별한 사랑과 축복을 경험하고 하나님의 영광을 체험한 사실이 있다면 거기서 끝나서는 안 됩니다. 그 특권을 가지고 이제부터는 하나님의 영광을 드러내는 삶을 살아야 합니다. 그 영광을 나타내는 삶을 살아야 합니다. 그렇기 때문에 이것은 특권인 동시에 책임입니다. 그 영광을 어떻게 나타낼 수 있습니까? 착한 일을 통하여 할 수 있습니다.

"너희 착한 행실을 보고 하늘에 계신 너희 아버지께 영광을 돌리게 하라"(마 5:16).

혹은 주님의 영광을 증거함으로 아름다운 열매를 맺을 때
하나님께 영광 돌리게 됩니다.
"너희가 과실을 많이 맺으면 내 아버지께서 영광을 받으실
것이요"(요 15:8).

우리의 모든 아름다운 일, 그것이 아무리 작은 일이라도
그리스도인이 주 안에서 주님 때문에 행하는 모든 실천과,
우리가 주님을 바라보고 닮아 가는 작은 성숙, 이 모든 것
이 주께는 기쁨이요 영광인 줄 믿습니다. 그럴 때 주님은
우리를 보고 이렇게 말씀하십니다.
"내 것은 다 아버지의 것이요 아버지의 것은 내 것이온데
내가 저희로 말미암아 영광을 받았나이다"(10절).
이것은 보통 축복이 아닙니다. 보통 선언이 아닙니다. 어
느 날 주께서 우리를 보시면서 "아버지여 내가 저희로 말
미암아 영광을 받았나이다"라고 하신다면 얼마나 좋을까
요?

그런데 주님의 제자들이 이런 기도를 받을 만한 삶을 살
았다고 생각합니까? 제자들과의 관계를 결산하는 시간에
내가 예수님의 입장에 서 있었다면 나는 제자들을 생각하
며 이런 기도를 했을 겁니다.
"어쩌자고 저런 제자들을 나에게 주셨습니까? 베드로는 세
번씩이나 나를 부인하고 저주하고, 도마는 맨날 의심만 하
고, 마가라는 그 친구는 홑이불 하나 걸치고 나를 따르다
가 위험하다고 느끼니까 다 벗어 버리고 나체로 도망갔어

요. 이런 어처구니없는 제자들을 어째서 나에게 허락하십니까?"

그런데 주께서 어떻게 이런 기도를 하실 수 있었겠습니까? 그분은 "내가 저들을 인해서 영광 받았다"고 하셨습니다. 한 성경학자는 이 장면에서 아주 감동적인 소감을 피력했습니다.

"이것은 그들의 삶이 정말 모범이 되어서가 아니라 주님이 보실 때 그들의 삶에 있었던 작은 성장, 작은 실천, 작은 발전이 그렇게도 우리 주님에게는 큰 기쁨이었기 때문이다."

아직도 그들의 삶 속에는 주님 보시기에 모자라는 많은 요소들이 있었고 형편없이 주님을 실망시켜 드릴 수밖에 없었지만 그들은 예수를 믿고 조금씩 변했습니다. 조금씩 나아졌습니다.

작은 성숙, 작은 실천, 작은 발전, 작은 변화. 그러나 주님은 이것 때문에 기뻐하십니다. 이것 때문에 기뻐서 어쩔 줄 몰라하십니다. "아버지, 내가 저들을 인해서 영광을 받았습니다"라고 하십니다. 내 허물과 잘못을 잊어 주시고 내 삶에 나타나는 작은 성숙과 변화 발전의 조짐을 보시고 이토록 감격해 하시는 주님!

그렇다면 용기를 내십시오. 내 작은 선행과 내 작은 성숙이 이토록 주님 앞에 기쁨과 영광을 돌릴 수 있다는 사실에 주님을 찬양하기 바랍니다.

　물론 우리는 작은 성숙에 머물러서는 안 됩니다. 좀더 성숙해야 합니다. 좀더 발전해야 합니다. 좀더 변화되어야 합니다. 스스로를 평가하는 일에 좀더 냉철해야 합니다. 주님이 그토록 나를 긍휼히 여겨 주시고 내가 주님의 기쁨과 영광의 대상이라고 말씀하시더라도 나는 나 자신을 좀더 엄격히 평가하며 좀더 최선의 섬김을, 최선의 변화를, 최선의 성숙을 이루어 가야 할 줄로 믿습니다. 마지막에 주 앞에 서는 날 최선의 영광을 돌려 드리기 위해서 말입니다.

　16세기의 천재 미술가였던 미켈란젤로가 교황 율리우스 2세에게서 저 유명한 시스틴 성당의 천지창조 벽화를 그려 달라는 의뢰를 받았을 때 사람들은 흥분하기 시작했습니다. 이 얼마나 위대한 특권인가, 미술 역사상 있을 수 없는 최대의 특권이라고 흥분했습니다. 그러나 막상 당사자인 미켈란젤로는 이 특권 앞에 흥분하지 않았습니다. 오히려 그는 엎드렸습니다. 그리고 거꾸로 누워 4년 동안 천장만 바라보고 벽화 그리는 일에만 자신의 열정과 땀, 자신의 전인생을 쏟아 부었습니다.

　마침내 그림이 다 완성됐는데도 그는 천장에 붙어서 계속 작은 선을 그려 넣고 있었습니다. 미켈란젤로와 가까이 지내던 추기경이 어느 날 성당에 들어와서 둘러보더니 “다 끝났는데 뭘 그리는가? 내가 볼 때는 다 끝났는데?”라고 했습니다. 이때 미켈란젤로는 이렇게 말했습니다.

『내가 볼 때는 그리고 하나님이 보실 때는 아직 안 끝났습니다.』

내가 보기에 내 삶의 자리는 어디에 와 있습니까? 하나님이 보시기에 당신의 삶의 자리는 어디까지 와 있습니까? 내 삶의 가장 작은 부분까지도 이제 주 앞에 진실로 영광일 수 있기 위하여, 내게 찾아오신 하나님을 더 잘 알고 그 말씀을 따라 날마다 신실하게 살아 주 앞에서 어느 날 당당한 모습으로 서기 위하여, 이천 년 전 이 땅에 오사 고난의 길을 걸어가시고 나를 위해 기도하신 그 주님의 기대와 의도가 우리 삶 속에 영광으로 나타날 수 있기를 바랍니다.

나는 나 자신 앞에 실망하는 순간이 그렇게 많아도 주님은 내가 조금 변한 것을 보고 크게 기뻐하십니다. 내가 하나님 앞에서 행한 작은 실천 때문에 주님은 너무도 좋아 "너는 내 기쁨이고 내 면류관이고 내 자랑이라"고 말씀하십니다. 마치 자녀들의 작은 효도가 그렇게도 부모의 마음을 감격시키는 것과도 같습니다.

## 창조적 기도 생활을 위한 토의와 훈련

1. 예수 그리스도의 참제자가 되기 위해 우리가 마땅히 인식해야 할 특권과 책임의 정체는 무엇입니까?

2. 기도가 하나님을 알아가는 일에 어떻게 도움이 될 수 있습니까?

3. 기도가 하나님의 말씀을 지키는 일에 어떻게 도움이 될 수 있습니까?

4. 주님께서 특별히 제자들만을 위하여 기도하신다는 사실에서 우리는 어떠한 느낌을 가지게 됩니까?

# 11

# 예수님의 기도(3)

❈　❈　❈

## 요한복음 17장 11~19절

"나는 세상에 더 있지 아니하오나 저희는 세상에 있사옵고 나는 아버지께로 가옵나니 거룩하신 아버지여 내게 주신 아버지의 이름으로 저희를 보전하사 우리와 같이 저희도 하나가 되게 하옵소서 내가 저희와 함께 있을 때에 내게 주신 아버지의 이름으로 저희를 보전하와 지키었나이다 그 중에 하나도 멸망치 않고 오직 멸망의 자식뿐이오니 이는 성경을 응하게 함이니이다 지금 내가 아버지께로 가오니 내가 세상에서 이 말을 하옵는 것은 저희로 내 기쁨을 저희 안에 충만히 가지게 하려 함이니이다 내가 아버지의 말씀을 저희에게 주었사오매 세상이 저희를 미워하였사오니 이는 내가 세상에 속하지 아니함같이 저희도 세상에 속하지 아니함을 인함이니이다 내가 비옵는 것은 저희를 세상에서 데려가시기를 위함이 아니요 오직 악에 빠지지 않게 보전하시기를 위함이니이다 내가 세상에 속하지 아니함같이 저희도 세상에 속하지 아니하였삽나이다 저희를 진리로 거룩하게 하옵소서 아버지의 말씀은 진리니이다 아버지께서 나를 세상에 보내신 것같이 나도 저희를 세상에 보내었고 또 저희를 위하여 내가 나를 거룩하게 하오니 이는 저희도 진리로 거룩함을 얻게 하려 함이니이다."

❈　❈　❈

**아프리카** 우간다의 가장 많은 교인들이 모이는 교회에서 일어난 사건입니다. 당시 우간다는 악명 높은 이디 아민이라는 독재자가 통치하고 있었습니다. 이 교회 목사인 케파 샘팡기 목사님은 종종 정부의 불의를 책망하는 예언적 설교를 하곤 했습니다. 그날 아침도 7천 명이 교회 전체를 메운 부활절 주일 예배 설교를 마친 후 목사님은 목회자 사무실로 들어섰습니다. 그때 거기에는 5명의 비밀 경찰이 그를 기다리고 있었습니다. 그 중 한 사람이 "우리는 국가의 명으로 반국가 사범을 처단하기 위해 왔소" 하면서 총을 겨누었습니다. 이때 케파 목사님은 이렇게 말씀하셨다 합니다.

『오늘은 부활절 아침입니다. 나는 부활을 믿는 사람입니다. 죽는 것은 전혀 두렵지 않지만 나에게 2분만 시간을 주시면 잠시 주님께 기도를 드리고 생을 마무리하겠습니다.』

허락을 받자 그는 이렇게 기도를 시작했습니다.

『하나님 아버지, 이디 아민을 용서해 주시옵소서. 그의 명령을 원하지 않으면서도 받들어야 하는 불행한 내 사랑하는, 이 앞에 있는 형제들을 용서하여 주시옵소서. 우간다 국민들에게 자유를 주시옵소서. 내 사랑하는 조국이 진정한 사랑의 땅, 의(義)의 땅이 되도록 도와주시옵소서. 나의 죽음으로 다시는 이런 비극이 이 땅에 되풀이되지 않도록 긍휼을 베풀어 주시옵소서.』

기도가 끝났을 때 그의 눈에는 눈물이 흐르고 있었습니다. 기도를 듣던 경찰들의 눈에서도 뜨거운 눈물이 흘렀습니다. 통솔자격인 한 사람이 무릎을 꿇으면서 "목사님, 우리가 큰 실례를 범했습니다. 죄송합니다. 목사님은 교회에 안 계신 것으로, 피신한 것으로 보고하겠습니다. 빨리 이 자리를 떠나 주십시오"라고 했다고 합니다.

부활의 믿음은 죽은 후의 육체적 부활의 소망을 약속할 뿐 아니라 오늘을 사는 바로 지금 여기에서도 승리의 삶을 살게 한다는 것을 보여준 사건입니다.

예수께서는 십자가를 지시기 전날밤 제자들을 위해 기도하셨습니다. 그분이 우리를 위해 기도하신다는 것은 우리에게 기대가 있다는 말입니다. 내가 어떤 사람을 위해 기도한다는 것은 그에 대한 기대가 있다는 말입니다. 그를 위한 나의 기도가 중단되었다는 말은 그를 향한 내 기대를 포기했다는 것을 뜻할 수 있습니다.

요한복음 17장 전체는 첫머리 부분을 빼놓고는 제자들을 위한 주님의 기도로 이루어져 있습니다. 9절에서 주님은 "내가 저희를 위하여 비옵나니"라고 하심으로써 이 기도가 제자들을 위한 기도인 것을 밝히셨습니다.

"내가 비옵는 것은 이 사람들만 위함이 아니요 또 저희 말을 인하여 나를 믿는 사람들도 위함이니"(20절).
이 말씀은 "3년 동안 함께 삶을 나누었던 제자들을 위해 기도합니다. 그러나 이 사람들만 아니라 이들을 통해 앞으로 예수를 믿게 될, 오고오는 시대의 모든 제자들을 위해서도 기도합니다"라는 의미입니다. 그러므로 이 17장의 기도에는 바로 우리를 위한 예수님의 기도가 들어 있는 것입니다.

이 기도는 바로 우리 삶에 대한 그분의 기대라 할 수 있습니다.

본문을 자세히 관찰해 보면 기쁨(13절), 보전(15절), 거룩(17절)이라는 중요한 단어들이 발견됩니다. 이 세 단어는 바로 주께서 십자가로 가사 그 몸을 버려 죽으시고 부활하신 사건을 통해 우리에게 주시고 싶었던 삶의 내용을 보여 줍니다. 주께서 십자가에서 돌아가시고 부활하심으로 우리에게 선물하고 싶었던 삶, 그 삶은 어떤 삶일까요?

## 기쁨의 삶

"지금 내가 아버지께로 가오니 내가 「세상에서」 이 말을 하옵는 것은 저희로 내 기쁨을 저희 안에 충만히 가지게 하려 함이니이다"(13절).
내 기쁨이 저들 안에 있어서 저들의 기쁨이 충만한 삶, 그 삶을 위해 주께서 기도하신다고 하셨습니다. 이 13절 말씀에서는 특별히 "세상에서"라는 단어가 강조됩니다.
"세상에서 내가 이 말을 하옵는 것은."
이것은 세상을 떠나시기 전의 말씀이라는 강조일 수도 있습니다. 그러나 또한 제자들이 세상에 사는 동안 기쁨의 삶을 살 것을 기대하신다는 것을 뜻합니다. 세상 떠날 때 천국의 기쁨이 약속되었을 뿐 아니라 이 어둠의 골짜기를 지나는 오늘 여기에서도 우리는 주님이 주신 기쁨의 삶을 누릴 수 있습니다.

예수님에게는 많은 별명이 있습니다. 이사야 선지자는 예수님을 슬픔의 사람이라고 했습니다. 그분이 슬픔의 사람이 된 것은 우리를 기쁨의 사람이 되게 하시기 위함이었습니다. 또 요한복음 15장은 소위 포도나무 비유의 장으로 일컬어집니다. 이 장은 어떻게 시작합니까?
"나는 포도나무요 너희는 가지니."

요한복음 15장은 가지가 되는 신자들이 포도나무이신 그리스도께 연합되었을 때 맺어야 할 삶의 열매에 대해 가르치고 있습니다. 그런데 우리가 그리스도를 믿음으로 삶에서 맺어야 할 중요한 열매 가운데 하나가 기쁨의 삶인 것을 아십니까? 요한복음 15장 12절에서 예수님은 "내가 이것을 너희에게 이름은 내 기쁨이 너희 안에 있어 너희 기쁨을 충만하게 하려 함이니라"고 하셨습니다.

주께서 말씀하시고 주께서 약속하신 이 기쁨은 어떤 종류의 기쁨일까요? 우선 이 기쁨은 환경에 의존된 기쁨이 아닙니다. 만약 우리의 기쁨이 환경에 의존되어 있다면 나를 둘러싼 환경이 내 기대대로 될 때는 기뻐할 수 있을 것입니다. 그러나 그런 환경의 돌발적 변화는 내게서 기쁨을 앗아갈 것입니다. 나는 더 이상 기뻐할 수 없게 될 것입니다. 그러나 주께서 약속하신 기쁨은 상황이나 환경에 의존한 조건부적인 기쁨이 아닙니다. 그것은 주님에게 연합될 때 우리 마음 깊은 곳에 허락하신 내재적 기쁨, 오히려 환경을 넘어서게 하는 그런 기쁨이라고 성경은 가르칩니다.

그런데 나를 둘러싼 환경이 고통스러운데 어떻게 기뻐할 수 있다는 말입니까? 내가 겪는 고통이 아무런 가치나 의미가 없다고 생각된다면 그 고통은 절망입니다. 그러나 아무리 어려운 처지에 있어도 이 고통이 견딜 만한 가치가 있고 의미가 있다면 그 고통은 우리에게서 기쁨을 앗아갈 수 없습니다. 말할 수 없는 고통에도 불구하고 여전히 영혼 깊은 곳에 샘솟는 기쁨을 간직할 수 있습니다. 견딜 만한 가치가 있는 사건이고 보람이 있다면 우리는 어떤 고통도 견딜 수 있을 것입니다.

히브리서 기자는 예수님의 생애를 묘사하면서 이렇게 말합니다.
"저는 그 앞에 있는 즐거움을 위하여 십자가를 참으사"(히 12:2).
예수님은 앞에 있는 즐거움, 앞에 있는 기쁨을 위해 십자가를 견디셨습니다. 십자가를 지는 것은 고통이지만 자기 몸을 드려 자신을 십자가에 내어줌으로써 구원받게 될 수많은 사람들, 그들이 새로운 소망과 새로운 하나님의 구원을 경험할 수 있기에 십자가는 주님에게 견딜 만한 것이었습니다. 나는 믿습니다. 십자가를 지시는 격렬한 고통의 순간에도 우리 주님의 영혼 깊은 곳에서 샘솟는 어떤 기쁨이 그분을 붙들고 있었을 거라는 사실을 말입니다.

그런데 동일한 기쁨을 주께서는 우리에게도 약속하십니다. 요한복음 15장에서 우리가 맺어야 할 삶의 열매로서 기쁨을 설명하시던 주님은 그 기쁨에 대한 설명을 16장에서도 계속하셨습니다. 그런데 16장 21절을 보면 우리에게 약속된 이 기쁨에 대한 아주 탁월하고도 놀라운 설명이 기록되어 있습니다.
"그때가 이르렀으므로 근심하나 아이를 낳으면 세상에 사람 난 기쁨을 인하여 그 고통을 다시 기억지 아니하느니라."
산모의 고통을 생각해 보기 바랍니다. 얼마나 격렬한 고통입니까? 그러나 아기 때문에 고통스러웠어도, 아기를 낳는 그 순간, 고통의 원인이었던 아기가 기쁨의 원인으로 바뀌지 않습니까? 견딜 만한 가치가 있다 생각할 때 그 고통은, 아픔을 줄지라도 깊은 곳에 기쁨이 내재해 있을 수 있습니다. 주님은 이런 기쁨을 말씀하신 것입니다.

삶에 분명한 목적이 있고 오늘 내가 당하는 고난이 내 삶에 어떤 의미가 있다면, 그 고난이 가져다 주는 고통과 아픔에도 불구하고 내 마음속에는 세상이 빼앗아갈 수 없는 기쁨이 있게 됩니다. 이 기쁨을 부활의 주님이 주셨다는 사실을 아십니까? 그러므로 우리에게 이 기쁨을 주시기 위해 죽음을 이기고 부활하신 주님을 찬양하십시오.

　베드로전서 1장 3절에서 사도 베드로는 "찬송하리로다"라는 말로 메시지를 시작했습니다. 그의 마음속에는 놀라운 감격을 담아 주님을 찬양하고 싶었던 신앙 고백의 내용이 있었습니다. 그 내용이 무엇일까요?
"찬송하리로다 우리 주 예수 그리스도의 아버지 하나님이 그 많으신 긍휼대로 예수 그리스도의 죽은 자 가운데서 부활하심으로 말미암아 우리를 거듭나게 하사 산 소망이 있게 하시며"(벧전 1:3).
예수께서 죽은 자 가운데서 부활하심으로 말미암아 우리 삶에 일어난 변화에 대해 성경은 증언합니다. 예수께서 죽은 자 가운데서 부활하심으로 우리는 거듭나게 되었고 산 소망이 있게 되었다는 것입니다.

　"그러므로 너희가 이제 여러 가지 시험을 인하여 잠간 근심하게 되지 않을 수 없었으나 오히려 크게 기뻐하도다"(벧전 1:6).
그리스도를 믿는 그리스도인의 삶 속에도 슬픔은 있을 수 있습니다. 근심도 있을 수 있습니다. 그러나 성경은 그 근심이 "잠깐"이라고 말씀합니다. 잠깐 근심하지만 근심 저 건너편에 오히려 크게 기뻐할 수 있는 기쁨이 기다리고 있다고 가르칩니다. 계속해서 7절을 보십시오.
"너희 믿음의 시련이 불로 연단하여도 없어질 금보다 더 귀하여 예수 그리스도의 나타나실 때에 칭찬과 영광과 존귀를 얻게 하려 함이라."

그리스도인들이 이 땅에서 경험하는 대부분의 고통은 사실 믿음의 시련입니다. 믿음의 테스트라 할 수 있습니다. 그 시련을 통해 내 믿음은 강해지고 순수해질 것입니다. 내 믿음은 성숙할 것입니다.

하나님께서 나를 하나님의 사람으로 성숙시키시고, 어느 날 주 앞에 설 때 주님의 칭찬과 영광과 존귀의 대상이 되는 존재가 되도록 나를 시련의 한복판에 두시고 내 인격과 믿음을 빚으신다면 이 고통은 뜻이 있는 것입니다. 이 고통은 견딜 만한 가치가 있는 것입니다. 그러므로 우리는 잠시 근심하지만, 잠시 고통하지만 마음속에 놀라운 기쁨을 누릴 수 있습니다. 이것이 바로 부활하신 주님, 살아계신 주님이 우리 삶 속에 간섭하시고 고통 중에 창조해 내시는 부활의 기쁨입니다. 부활하신 주님이 이 기쁨의 삶을 약속하십니다. 슬픔 많은 세상의 한복판에서 다시 사신 주님이 약속한 기쁨의 삶을 누리기 바랍니다.

## 보전(保全)의 삶

"내가 비옵는 것은 저희를 세상에서 데려가시기를 위함이 아니요 오직 악에 빠지지 않게 보전하시기를 위함이니이다"(15절).

여기서 "보전"이라는 단어가 중요합니다. 우리 애국가에도

나오는 말입니다. 본문에서 보전이라는 단어는 두 가지 의
미로 쓰이고 있습니다.

### 첫째 / 구원의 보전

내가 한번 예수님 앞에 나와 예수 믿고 죄사함 받아 구원
을 얻게 되면 그 구원은 결코 잃어버려지지 않고 보전됩니
다. 그것을 본문 12절에서 말씀하십니다.
"내가 저희와 함께 있을 때에 내게 주신 아버지의 이름으
로 저희를 보전하와 지키었나이다 그 중에 하나도 멸망치
않고 오직 멸망의 자식뿐이오니 이것은 성경을 응하게 함
이니이다."

 주께서는 제자들이 예수를 메시아로 믿고 따라왔을 때 그
들에게 영생을 선물로 주셨습니다. 그리고 그 구원은 그들
에게 보전되고 있다고 하셨습니다. 주께서 친히 그것을 지
켜 주신다고, 그 중에 하나도 멸망치 않을 것이라고 말씀
하셨습니다.
 그러나 꼭 한 사람, 멸망의 자식인 가룟 유다는 예외라
하셨습니다. 가룟 유다는 제자들과 함께 예수님을 따라다
니는 외적인 환경에는 참여했습니다. 그러나 복음서를 연
구해 보면 드러나는 사실이지만, 가룟 유다에게서는 예수
를 메시아로 믿은 흔적을 찾아볼 수 없습니다. 그에게는
신앙고백이 없었습니다. 따라만 다닌 것입니다. 요즘식으
로 말하면 교회만 나왔던 사람입니다. 예수 믿고 거듭난

일이 없던 사람이었습니다. 주님은 이런 사람은 책임지실 수 없습니다. 그는 그냥 따라다니다가 가야 할 곳으로 갔을 따름입니다.

그러나 예수를 메시아로 믿고 거듭난 사람들을 주께서는 지키십니다. 보전하십니다. 내 믿음이 보전되고 내 구원이 보전되고 있는 것이 내 의지가 견고해서라고 착각하지 마십시오. 그것은 하나님의 은혜입니다. 주님이 지키시기 때문에 내가 아직도 예수를 믿고 있는 것입니다. 신앙을 버릴 수 있는 그 많은 위기 속에서도 내 구원의 믿음이 보전되는 것은 나를 지키시는 살아계신 하나님의 능력인 것을 주 앞에 찬양하십시오.

베드로전서 1장에서도 바로 이 사실을 사도 베드로는 지적합니다. "찬송하리로다 우리 주 예수 그리스도의 아버지 하나님이 그 많으신 긍휼대로 예수 그리스도의 죽은 자 가운데서 부활하심으로 말미암아"(3절)라고 시작되었던 말씀이 5절에서는 어떤 약속으로 이어지고 있는가 보십시오. "너희가 말세에 나타내기로 예비하신 구원을 얻기 위하여 믿음으로 말미암아 하나님의 능력으로 보호하심을 입었나니."
우리의 구원이 무엇으로 보호되고 있다 했습니까? "하나님의 능력으로"라고 했습니다. 어떤 능력입니까? 죽음을 이기고 부활하신 능력, 죽음을 깨버리신 능력, 죽음을 정복하신 능력, 이 살아계신 부활의 능력으로 하나님께서는 우리의 믿음을 지키십니다. 그래서 나는 아직도 주님을 사랑합니다. 주님을 경배하고 찬양합니다. 내 믿음을 보전하시는 살아계신 하나님의 능력을 찬양하기 바랍니다.


### 둘째 / 악으로부터의 보전

"내가 비옵는 것은 저희를 세상에서 데려가시기를 위함이 아니요 오직 악에 빠지지 않게 보전하시기를 위함이니이다"(15절).
구원받은 그리스도인에게 그 구원은 한 번 경험하면 결코 잃어버릴 수 없습니다. 그러나 구원받은 하나님의 자녀들도 언제나 악에 오염될 가능성은 수다합니다. 악으로 가득 찬 세상에서 우리는 더렵혀질 수많은 유혹의 가능성 앞에 노출되어 인생을 살아갑니다. 그래서 주께서는 우리에게 주기도문을 가르치실 때 무엇을 위해 기도하라고 가르치셨습니까?
"다만 악에서 구하옵소서."
이 "악"이란 낱말을 다른 사본(寫本)에서 보면 "그 악한 자에게서"라고 되어 있습니다. 우리를 그 악한 자에게서 구해 달라는 말입니다.

우리가 경험하는 모든 악의 배후에는 그 악한 자가 있습니다. "사단"이 있습니다. 사단 마귀는 우리를 끊임없이 넘어뜨리려 합니다. 우리를 타락시키려 합니다. 우리를 오염시키려 합니다. 그래서 주께서는 "그 악한 자에게서 구하옵소서"라는 기도를 드리도록 가르치셨습니다.

예수님은 십자가를 지시기 직전에도 제자들에게 이렇게 말씀하셨습니다.
"시험에 들지 않게 깨어 있어 기도하라"(마 26:41).
그렇습니다. 우리는 종종 시험을 당할 것입니다. 악에도 빠질 것입니다. 그러나 우리가 악을 경험하고 유혹도 경험하지만 악에 완전히 빠져서 주님을 떠나가지 않는 이유를 아십니까? 그것이 은혜라는 것을 아십니까? 나를 향한 포기할 수 없는 하나님의 사랑이 나를 지키시고 붙들기 때문이라는 사실을 아십니까?

이 사실을 이해할 때 시몬 베드로의 타락 과정을 이해할 수 있습니다. 베드로가 시험받기 전 주께서는 누가복음에서 미리 경고하셨습니다.
"시몬아 시몬아 보라 사단이 밀까부르듯 하려고 너를 청구하였으나 나는 네 믿음이 떨어지지 않도록 기도하였노라"(22:31).
이는 "네 믿음이 완전히 떨어지지 않기를 기도하였다"는 말씀입니다. 주님은 시몬 베드로가 잠시 시험에 들 것을 아셨습니다. 주님을 부인하고 심지어 저주까지 할 것도 아셨습니다. 그러나 그럼에도 불구하고 베드로는 보전될 것이었습니다. 완전히 악에 빠지지 않고 재기할 것이었습니다. 회개하고 회복될 것이었습니다. 주께서는 "그러므로 너는 돌이킨 후에 네 형제를 굳게 하라"고 말씀하셨습니다. 베드로가 눈물 흘리며 다시 일어나 회개하고 주님 품으로 자신을 던질 수 있었던 것은, 베드로가 재기하고 회복될 수 있었던 것은 지키시는 하나님의 손길이 배후에 있었기 때문입니다.

시몬 베드로의 체험은 우리의 체험일 수 있습니다. 우리도 얼마나 자주 주님을 버리고 싶었습니까? 이 세상에서 악의 유혹은 얼마나 강렬한 것이었습니까? 그러나 다시 나를 십자가 앞으로 이끄는 이 강렬한 힘 그리고 다시 주님을 바라보도록 이끄시는 내 마음속의 힘의 정체는 무엇입니까? 주께서는 우리를 보전하기 원하십니다. 타락하기를 원치 않으십니다. 일시적 타락 중에 다시 일으키기를 소원하십니다. 보존의 은총 때문에 우리는 보존된 삶을 오늘도 살고 있습니다.

## 거룩의 삶

"저희를 진리로 거룩하게 하옵소서 아버지의 말씀은 진리니이다"(17절).
여기서 "거룩"은 우리가 일반적으로 생각하는 거룩의 의미와 조금 다릅니다. 이것은 단순히 도덕적 정결을 뜻하는 단어가 아닙니다. 영어로 도덕적 의미에서의 '거룩함'(holy)이 아니라 영적인 의미에서의 '성별케 함'(sanctify)입니다. 헬라어 원어의 뜻은 "구별하다", "분리하다"입니다. 어떤 특별한 목적으로 사용하기 위해서 따로 떼어놓는다는 의미입니다. 그런 의미로 본다면 19절을 해석하는 데 큰 난제 앞에 부딪치게 됩니다. "저희를 위하여 내가 나를 거룩하게 하오니"라고 하셨는데 주님이 "내가 나를 거룩하게 한다"는 것이 무슨 뜻입니까? 주님께 어떤 불결함이 있어서 스스로를 깨끗하게 하신다는 것입니까? 주님에게는 그런 불결이 없습니다. 그분은 완전히 거룩하신 분입니다. 그러면 "내가 나를 위하여 거룩하게 하오니"란 무슨 뜻입니까? 저희를 위해 내가 나를 성결하게 구별하여 드린다는 말입니다. 특별히 구속(救贖)의 목적으로 쓰여지기 위해 자신을 십자가에 바친다는 뜻입니다.

구별된 삶, 거룩한 삶이란 쓰여지는 삶입니다. 하나님은 우리의 삶이 쓸모없이 낭비되는 것을 원하시지 않습니다. 분명한 목적, 확실한 목적 그리고 뚜렷한 목적을 위해 쓰여지는 그런 쓸모있는 인생이 되기를 주께서는 소원하십니다. 그래서 주께서는 이 거룩의 삶, 구별된 삶을 우리에게 주기를 기뻐하시는 것입니다.

베드로전서 1장에는 거듭난 우리에게 주께서 주시는 삶이 제시되어 있습니다. 그것은 베드로전서 2장에서도 계속됩니다. 5절 이하를 보면 "우리가 버렸던 그 돌이 모퉁이돌이 되었다"고 했습니다. 예수께서 부활하심으로 우리 신앙의 기초가 되었다고 선포합니다. "저를 믿는 자, 모퉁이돌이 되신 예수 그리스도를 믿는 자는 부끄러움을 당하지 아니하리라"고 했습니다. 부활하신 주님을 믿는 자가 어떻

게 부끄러움을 당하지 않고 살 수 있습니까? 베드로의 메
시지는 계속됩니다. 베드로전서 2장 9절에서 드디어 그는
우리를 향해 이렇게 말합니다.
"오직 너희는 택하신 족속이요 왕 같은 제사장들이요."

　구약 시대에 가장 중요한 직분은 왕과 제사장이라 할 수
있습니다. 자리가 높아서 중요한 것이 아닙니다. 하나님의
입장에서 볼 때 그들에게 맡겨 주신 사명이 고귀한 것입니
다. 백성을 섬기는 왕을 생각해 보십시오. 그리고 제사장
은 백성들의 문제와 고통을 짊어지고 하나님 앞에 나와서
대신 해결하는, 이웃을 돕는 자였습니다. 그런데 성경은
구원받은 그리스도인들이 왕 같은 제사장이라고 말씀합니
다. 하나님은 왕처럼 제사장처럼 우리를 사용하기를 기뻐
하십니다. 하나님의 백성들을 섬기며 이웃들의 삶의 변화
를 추구하며 고통 받는 이웃들을 돕고 섬기는 거룩한 사명
가운데로 우리 인생을 써주기를 기뻐하십니다. 이 거룩한
삶, 구별된 삶을 주께서 부활하심으로 우리에게 주신 것을
믿기 바랍니다.

　미국의 심리학자 윌리암 말스톤이라는 사람이 미국 청년
3,000명을 대상으로 설문 조사한 일이 있습니다. 그 중에
이런 질문이 있었습니다.
"분명한 인생의 목적이 있는가? 뚜렷한 삶의 목표가 있는
가?"
3,000명의 젊은이들 가운데 그렇다고 대답한 사람은 6%

밖에 되지 않았습니다. 무려 94%는 인생에 뚜렷한 목적이 있다고 고백할 수 없었던 사람들이었습니다. 또 이런 질문도 있었습니다.

"당신의 인생은 지금 행복하다고 느끼는가?"

그렇다고 대답한 사람이 10%밖에 되지 않았습니다. 90%는 행복하다고 고백할 수 없다고 했습니다. 이 설문은 자연스러운 하나의 결론을 우리에게 도출해 줍니다. 뚜렷한 목적이 없는 인생은 행복할 수 없습니다. 뚜렷한 인생의 목표가 없는 인생은 결코 행복할 수 없는 것입니다.

당신은 인생에 뚜렷한 목표를 가지고 있습니까? 그리고 그 목표를 위해 내 삶의 주인 되신 하나님이 부족한 대로 나를 쓰신다는 생의 감격을 누리십니까?

제가 어려서부터 아주 잘 아는 사람이 하나 있습니다. 저는 그 속속들이 잘 압니다. 그가 중학교에 입학할 때 그의 가정이 몰락해 중학교 1학년 때부터 가정교사로 이집저집을 전전했습니다. 그래도 그는 자기가 꽤 똑똑하다고 생각했고 늘 성공할 것이라고 생각했습니다. 대학 입시에 실패했을 때 그는 인생에서 처음으로 실패라는 경험을 했습니다. 그는 가슴이 찢어질 것 같았습니다. 엎친 데 덮친 격으로, 몰락해 가던 그의 집안이 아주 몰락해 그가 가족 전체를 책임지는 자리에 서게 되었습니다. 인생의 짐이 너무나 힘겹고 무겁다고 느껴졌습니다. 미래가 없어 보였습니다. 그는 종종 죽기로 결심하고 때로는 가족 전체와 자살을 기도하기조차 했습니다. 그의 인생에는 아무런 희망도 없었습니다.

그러던 어느 날 누군가가 그를 영어 성경공부 모임에 초청했습니다. 혹시 영어가 인생에 마지막 도움이 될지도 모른다는 생각 때문에 그 모임에 참석했습니다. 그런데 하나님의 말씀을 통해 그는 인생의 주인을 발견하고 예수 그리스도의 구속의 의미를 깨닫고 복음을 깨닫게 되었습니다. 하나님의 구원이라는 놀라운 사실을 경험하면서 비로소 한 줄기 작은 빛이 그의 인생에 비쳤습니다.

어느 날 그 성경공부 모임에서 그에게 간증을 요청했습니다. 400명쯤 모인 사람들 앞에서 그는 처음으로 소위 간증이라는 것을 했습니다. 그 간증이 끝났을 때 여러 사람들이 그에게 찾아와서 이런 말을 해주었습니다.
"형제의 간증은 이상하게 놀라운 감동이 있어. 만약 형제가 주께 삶을 드린다면 주님은 놀랍게 형제를 쓰실 것 같소. 왜 전도자로 헌신하지 않소. 형제는 놀랍게 쓰임 받을 가능성이 있소."
여러 사람들이 똑같이 반복하는 그 말 속에서 그날 밤 그의 가슴은 녹아 내리고 있었습니다. 쓸모 없다고 생각한 인생, 그러나 쓸모있는 인생으로 놀랍게 주님께 쓰임 받을 수 있습니다. 그날 일은 그의 인생을 바꾸어 놓았습니다. 그날부터 어둠은 사라지고 그의 삶에는 빛이 쏟아져 내리기 시작했습니다.

이 성경공부 모임에서 그 당시 배웠던 찬송 하나가 있습니다. 그것은 새로운 삶을 찾게 된 인생에서 그가 가장 좋아했던 찬송이었습니다. 본래 영어 가사는 이렇습니다.

그분이 살아계시기 때문에 내 인생의 미래를 만날 수 있네
그분이 살아계시기 때문에 모든 공포는 사라졌네
그분이 내 인생의 미래를 붙들고 있다는 사실을 알기 때문에
그분이 살아계시기 때문에 인생은 살 만한 가치가 있는 것

복음은 그의 삶을 바꾸었고 이 찬송은 그의 인생의 간증이었습니다. 그 간증 때문에 그는 오늘도 이렇게 복음을 전합니다. 그분은 죽음에서 살아나셨습니다. 그분은 살아계십니다. 나 이동원의 삶을 바꾸었던 살아계신 주님은 오늘 당신의 삶도 바꿀 수 있습니다. 그분은 당신에게 내게 주셨던 기쁨의 삶을 주실 것입니다. 내 연약함에도 불구하고 내 믿음을 지키신 동일하신 부활의 주님이 당신을 지키실 것입니다. 그리고 하나님의 영광을 위하여 우리를 사용하실 것입니다. 쓸모 있는 인생으로 살아가도록 말입니다. 제 간증과도 같은 찬송가의 가사를 요즘 우리는 이렇게 부릅니다.

살아계신 주 나의 참된 소망 걱정 근심 전혀 없네
사랑의 주 내 갈길 인도하니 내 모든 삶의 기쁨 늘 충만하네

그분은 다시 사셨습니다. 그분은 살아계십니다. 이 살아

계신 주님이 당신에게 이 삶을 약속하십니다. 이 부활의 주님을 만나기 바랍니다.

당신은 삶에 분명한 목적을 갖고 있습니까? 목적 없는 인생은 공허한 인생입니다. 그러나 삶의 주인을 만나면, 구세주를 만나면 당신은 달라집니다. 10대, 20대의 인생에서 저는 하늘의 별을 바라볼 여유가 없었습니다. 인생은 너무나 캄캄한 어둠이었습니다. 그러나 주께서 찾아오신 그날부터 이상하게 어둠은 사라지기 시작했습니다. 삶은 놀라운 감동이었고 내 생애에는 뚜렷한 빛이 다가오기 시작했습니다. 살아계신 주님을 만난 사람마다 이런 경험을 할 수 있습니다. 주님 없이 인생을 살아 왔다면 예수 그리스도를 구세주와 주님으로 영접하십시오. 이렇게 기도해 보십시오.
"주 예수여, 나의 구세주와 주님으로 영접합니다. 나의 주님이 되어 주시고 나의 생명이 되어 주십시오."

그리스도인이면서도 예수님을 바라보지 못하고 살아갈 때 나는 어둠 속을 방황할 수 있습니다. 다시 주님을 향해 시선을 돌리십시오. 그분은 당신을 위해 죽으셨고 당신을 위해 다시 사셨습니다. 엠마오 길에 찾아오셨던 그 주님은 당신의 인생길에 다가오십니다. 실망과 좌절 속에 있는 당신의 손을 잡고 생명의 길로 인도하기 위해 그분은 다가오십니다. 살아계신 주, 나의 참된 소망이신 그분을 만나십시오.

## 창조적 기도 생활을 위한 토의와 훈련

1. 본문에 나타난 예수님의 기도에서 예수님이 우리에게 선물하고 싶었던 삶은 어떤 것이었습니까?

2. '기도'와 '악(惡)의 시험'의 관계를 토의해 보십시오.

3. 성경에 나타난 "거룩"의 의미는 단순히 '깨끗하다'는 이상의 의미를 지니는데 그 뜻은 무엇입니까?

4. 예수 안에서 쓰임 받고 싶은 자신의 삶을 간증하고 그것을 위하여 서로 기도하십시오.

# 12

# 예수님의 기도(4)

❈　❈　❈

## 요한복음 17장 20~26절

"내가 비옵는 것은 이 사람들만 위함이 아니요 또 저희 말을 인하여 나를 믿는 사람들도 위함이니 아버지께서 내 안에, 내가 아버지 안에 있는 것같이 저희도 다 하나가 되어 우리 안에 있게 하사 세상으로 아버지께서 나를 보내신 것을 믿게 하옵소서 내게 주신 영광을 내가 저희에게 주었사오니 이는 우리가 하나가 된 것같이 저희도 하나가 되게 하려 함이니이다 곧 내가 저희 안에, 아버지께서 내 안에 계셔 저희로 온전함을 이루어 하나가 되게 하려 함은 아버지께서 나를 보내신 것과 또 나를 사랑하심 같이 저희도 사랑하신 것을 세상으로 알게 하려 함이로소이다 아버지여 내게 주신 자도 나 있는 곳에 나와 함께 있어 아버지께서 창세 전부터 나를 사랑하시므로 내게 주신 나의 영광을 저희로 보게 하시기를 원하옵나이다 의로우신 아버지여 세상이 아버지를 알지 못하여도 나는 아버지를 알았삽고 저희도 아버지께서 나를 보내신 줄 알았삽나이다 내가 아버지의 이름을 저희에게 알게 하였고 또 알게 하리니 이는 나를 사랑하신 사랑이 저희 안에 있고 나도 저희 안에 있게 하려 함이니이다."

❈　❈　❈

**저는** 목회를 하기 때문에 세상 떠나는 분들의 임종 자리에 입회하는 경우가 더러 있습니다. 종종 보면, 세상을 떠나는 분들의 마음속에 남아 있는 큰 부담 중 하나가 자녀들의 불화 문제인 것을 알게 됩니다. 이런 분들이 세상을 떠나면서 남기는 공통된 유언 하나는 "제발 형제끼리 화목하게 지내달라"는 것입니다.

본문은 지상에서의 예수님의 마지막 기도문입니다. 제자들을 위한 이 기도의 결론 부분에서 주님은 그들의 하나됨을 위해 기도하셨습니다. 다시 말하면 그것이 마지막까지 주님의 부담이 되었음을 알 수 있습니다.

제자들은 주님이 이 땅에서 최후의 만찬을 나누시는 그 시각까지도 누가 크냐 다투었습니다. 누가 더 잘났나 도토리 키재기 경쟁을 계속했던 것입니다. 이런 제자들을 위해 주님은 21절에서 이렇게 기도하셨습니다.

"아버지께서 내 안에, 내가 아버지 안에 있는 것같이 저희도 다 하나가 되어 우리 안에 있게 하사 세상으로 아버지께서 나를 보내신 것을 믿게 하옵소서."

다 하나가 되게 해달라는 이 기도는 그 당시 제자들만을 위한 기도가 아니었습니다. 오늘 이 시대의 제자들인 우리를 위한 기도이기도 했습니다.

20절을 다시 주목해 보십시오.

"내가 비옵는 것은 이 사람들만을 위함이 아니요."

그 당시 예수님의 제자였던 사람들만을 위함이 아니라는 말입니다.

"또 저희 말을 인하여 나를 믿는 사람들도 위함이니."

제자들의 전도를 받아 주님을 믿게 될 오고오는 시대의 모든 제자들, 바로 이 시대를 살아가는 우리를 위한 기도가 포함되어 있다는 사실에 주목해야 합니다.

그러면 그 시대 예수님의 제자들은 왜 하나가 되어야만 했을까요? 그리고 이 시대의 제자인 우리들은 왜 하나가 되어야만 합니까?

## 하나님의 연합을 본받기 위함입니다

하나님은 성부 성자 성령의 삼위(三位)로 존재하십니다. 그러나 본질적으로 하나님은 하나이십니다. 이 교리를 가리켜 「삼위일체」(三位一體)라고 합니다. 성부 성자 성령은 각각 독립된 인격, 구별된 인격이십니다. 그런데도 하나로 연합되어 존재하십니다. 이 삼위 하나님의 연합, 특별히 아버지 하나님과 아들 하나님의 연합이 제자들의 연합의 모델이 되었습니다.

"아버지께서 내 안에, 그리스도께서 아버지 안에 있는 것 같이 저희도 다 하나가 되어"(21절).

성부 성자의 연합은 바로 성도들의 연합의 궁극적인 모델이 되어야만 한다는 사실을 가르치신 것입니다. 아버지와 아들의 연합, 성부 하나님과 성자 하나님의 연합, 그 연합의 가장 중요한 특성을 가리켜 우리는 '영적 연합'이라 할 수 있습니다.

우리가 '영적 연합'이라는 말을 강조할 때 그것은 단순한 조직적 연합이 아니라는 뜻입니다. 기독교 역사 가운데 많은 분열이 있어 왔습니다. 그리고 그리스도인들은 역사를 통해 이 분열을 극복하기 위한 소위 '연합 운동'을 전개해 왔는데 성공한 사례가 거의 없습니다. 다 실패했습니다. 영적 연합을 추구하기보다는 조직적 연합을 추구했기 때문이라 할 수 있습니다.

그 대표적인 사례가 있다면 1900년대초에 시작된 「에큐메니칼 운동」입니다. WCC를 중심으로 이 지상의 모든 교파와 교회를 하나로 묶어 보자는 운동이었습니다. 한국에도 맹렬하게 그 운동의 바람이 불어 왔습니다. 사실 그 운동의 동기는 좋았습니다. 교인들이 하나 되자, 교회가 하나 되자, 세상을 향해 강력한 하나의 증거를 보이자. 이런 좋은 동기에서 출발했습니다. 그런데 왜 실패했을까요? 역설적이게도 연합 운동으로 시작된 이 운동이 오히려 교회를 깨버리는, 분열시키는 더 큰 상처의 원인이 되었습니다.

한국의 대표적 교단인 장로교단을 보면 통합과 합동으로 갈라져 있습니다. 저는 아직도 통합과 합동이 혼동되는데, 이렇게 갈라진 것은 에큐메니칼 운동 때문입니다. 그 운동에 참여하는 여부로 갈라졌습니다. 장로교회 분열이 바로 에큐메니칼 운동에서 비롯되었다는 것은 매우 역설적인 사실이 아닐 수 없습니다. 에큐메니칼 운동은 조직적 연합을 추구했습니다. 사람들은 조직으로는 하나가 될 수 없습니다. 진정 하나 되기 원했다면 영적 연합을 시도했어야 합니다.

조직은 그대로 두십시다. 교파는 그대로 두어도 괜찮습니다. 예수 그리스도를 구주와 주님으로 믿는 공통의 신앙고백을 소유할 수 있다면 말입니다. 신앙고백이 달라지면 하나가 될 수 없습니다. 그것은 최소한의 약속입니다. 예수 그리스도를 구주와 주님으로 믿는 이 신앙의 공통 분모에서 합의될 수 있는 교파는 그대로 두십시오. 함께 모이십시오. 그리고 예배를 드리십시다. 기도하십시다. 그리고 그 예배 가운데 성령이 역사하신다면, 그리고 성령 안에서 기도하고 교제한다면 그 많은 다양한 교파에도 불구하고 성도들은 놀랍게 하나임을 경험하고 확인할 수 있습니다. 저는 기독교 학생 운동을 해보면서 그런 것을 많이 느꼈습니다. 교파가 많아도 상관없습니다. 예수 그리스도의 주 되심을 고백하는 그 교제 안에서 하나인 것을 확인하는 가슴 뜨거운 순간들이 얼마나 많은지 모릅니다.

조직적 연합, 이것은 우리를 하나 되게 할 수 없습니다. 성부 성자 사이에 성령님을 통한 놀라운 하나됨이 있었던 것처럼 우리는 성령님을 통해서만 연합이 가능한 줄로 믿습니다. 하나님은 하나 되게 하시는 하나님이신 줄 믿습니다. 그분이 하나이시기 때문입니다.

그러나 사단은 계속해서 우리를 분열시킵니다. 마귀의 일은 나누는 것입니다. 마귀란 단어는 본래 헬라어로『디아』(dia)와 『볼로스』(bolos)라는 두 단어의 합성어입니다. 『디아』는 영어의 between('사이')이고『볼로스』는 헬라어로『발로』(ballo), 즉 영어로 throw('던지다')입니다. 결국 마귀란 "사이에 던지다"는 의미입니다. 그래서 마귀는 사람들을 나누고 형제를 참소하는 일들을 합니다. 사단의 전공은 나누는 것입니다. 하나님은 우리를 하나 되게 하시지만 사단은 우리를 나눕니다. 성도의 하나됨이 왜 필요합니까? 우리 하나님이 하나이시기 때문입니다. 우리가 하나 됨을 추구하는 그곳에서 하나님은 영광 받으십니다. 그리고 우리는 하나이신 하나님의 거룩하심을 닮습니다. 그 하나님의 아름다움을 닮습니다. 우리가 하나 될 때 하나님의 연합을 본받아, 하나님을 닮게 하는 거룩함이 우리 몫이 될 수 있습니다. 하나됨을 구하기 바랍니다.

## 하나님의 더 큰 은혜를 경험하기 위함입니다

예수를 믿을 때 하나님이 우리에게 주시는 축복이 많은데 제일 중요한 축복은 구원을 얻는 것입니다. 그러나 그에 못지않게 내가 주님 앞에 나아갈 때 하나님께서 주시는 놀라운 선물이 있습니다. 그것은 하나님의 영광 가운데 참여하게 되는 것입니다.

"내게 주신 영광을 내가 저희에게 주었사오니 이는 우리가 하나가 된 것같이 저희도 하나가 되게 하려 함이니이다" (22절).
아버지 하나님이 아들 하나님이신 예수님에게 영광을 주셨습니다. 그리고 예수님은 그 영광을 제자들에게 주셨습니다.

여기서 "영광"이란 하나님의 영광입니다. 하나님의 영광은 하나님 자신이십니다. 하나님의 임재 자체가 영광입니다. 하나님의 영광이 임했다, 우리 가운데 주의 영광이 임했다는 것은 우리가 하나님의 임재 가운데 들어간 것을 말합니다. 주의 영광이 내게 임할 때 하나님의 영이 나를 지배하십니다. 성령이 역사하시는 그곳에 하나님의 영광이 있는 것입니다. 주의 영광은 주님의 임재 그 자체에 있습니다. 하나님의 영광이 임하면 사람들은 하나님의 임재를 경험하게 됩니다.

하나님의 임재 안에서 사람들은 저절로 하나가 됩니다. 사람들의 생각과 관심이 하나님의 영광 그 자체에만 쏠리기 때문입니다. 우리를 사랑하시는 하나님, 우리 가운데 임재하시는 하나님, 우리 가운데 통치하시는 거룩하신 하나님. 사람들이 그 하나님의 임재를 자각하는 그곳에서 그분 때문에 저절로 하나가 됩니다. 22절은 지금 그 얘기를 하는 것입니다.
"내게 주신 영광을 내가 저희에게 주었사오니 이는 우리가 하나가 된 것같이 저희도 하나가 되게 하려 함이니이다."
주의 영광 안에서 하나가 된다, 이 얼마나 놀라운 체험입
니까?

그러나 주의 영광이 떠나가면 어떻게 됩니까? 구약성경에
서 이스라엘 백성들이 가장 비극적으로 생각했던 것은 하
나님의 영광이 떠나가는 것이었습니다. 오늘의 그리스도인
들은 이런 주제를 심각하게 생각하지 않습니다. 가볍게 생
각합니다. 옛 이스라엘 백성이 가장 두려워하고 가장 무서
워했던 것은 하나님의 영광이 나에게서 떠나는 것, 소위
『이가봇』, 영광이 떠나가는 것이었습니다. 그것을 제일의
비극으로 생각했습니다.

주의 영광이 떠나면 사람들은 다 자기 영광을 추구합니
다. 기독교 이름으로 모여도, 예수의 이름으로 모여도, 소
위 그리스도인의 이름으로 모여도 하나님의 영광이 떠난
그곳에서 사람들은 저마다 자기 영광을 구할 것입니다. 자
기 영광을 구할 때 그 교제는 어떻게 될까요? 바울 사도는
빌립보 교우들에게 하나됨의 교제를 격려하면서 이런 경고
를 했습니다.
"허영으로 하지 말고"(빌 2:3).
"허영"이라는 단어가 흥미롭습니다. 그것이 바로 "자기 영
광"이라는 단어입니다. 쓸데없는 영광을 말합니다. 대부분
의 영역본 성경을 보면 "vain glory"(무가치한 영광)라고
되어 있습니다. 사람들이 자기 영광을 구하는 것, 무의미

하고 쓸데없는 영광을 구하는 것, 자기 자랑이 있는 곳, 거기에 다툼이 있습니다. 거기에 좌절이 있습니다. 거기에 경계심이 있습니다. 거기에 의심이 있습니다. 그러나 주의 영광이 임한 곳에서 우리는 다만 하나님의 거룩한 영을 호흡할 따름입니다. 거기에 놀라운 그리스도인들의 교제가 있습니다.

바울은 말하기를 "허영으로 하지 말고 겸손한 마음으로 남을 자기보다 낫게 여기라"고 했습니다. 어떻게 남을 나보다 낫게 여길 수 있습니까?
우리 이웃을 소중히 여깁시다. 형제들을 나보다 귀히 여깁시다. 이것은 구호만으로는 절대로 되지 않습니다. 그래서 바울은 계속 강조합니다. 우리가 참으로 주님을 높일 수 있다면, 정말 주님을 높이기 원한다면 내 삶과 내 존재의 가장 중요한 동기가 주님의 영광이라면 주님을 높이기 위해 얼마든지 나를 낮출 수 있습니다. 바로 그곳에서 형제 자매들을 높이는 참된 교제가 살아 움직일 수 있습니다.

아름다운 그리스도인의 공동체에도 인간 관계의 위기는 언제나 있을 수 있습니다. 중세기에 가장 아름다운 사랑으로 소문난 공동체가 있었다면 저 유명한 아시시의 성자 프란체스코가 세운 프란체스코 공동체입니다. 그리스도인들의 사랑이 응집된 놀라운 공동체로 소문난 그런 모임이었습니다. 사람들이 그 모임을 그렇게도 흠모하고 들어가고 싶어했습니다.

그런데 이 공동체 안에도 인간 관계의 위기가 있었습니다. 사람들의 사랑이 점점 식어 가고 냉담해 갔습니다. 관계의 위기를 느끼는 일들이 일어났습니다. 그래서 그 수도원 안에 있는 사람들이 이 문제를 해결하기 위해 모였습니다. 여러 제안들이 나왔습니다. 어떤 사람은 "요즘 우리가 예배를 게을리했다. 좀더 예배를 드리자" 하고, 어떤 사람은 "예배 방식을 바꾸자" 하고, 어떤 사람은 "우리 수도원의 훈련이 약화되었다. 좀더 강력한 훈련을 시작하자" 하고, 어떤 사람은 "우리 수도원의 규칙을 강화할 필요가 있다" 했습니다. 그러는 동안 프란체스코는 조용히 침묵하고 있었다고 합니다. 어떤 사람이 "선생님, 우리가 무엇을 해야 한다고 생각하십니까?"라고 묻자 프란체스코는 단순히 이런 대답을 했다고 합니다.
『다 쓸데없는 일이네. 문제는 내 안의 교만이야. 내 안에 아직도 교만이 있단 말이야.』

그 다음날 전도 여행을 떠나게 되었는데 말이 한 필밖에 없었던 모양입니다. 프란체스코가 말을 타고 가고 다른 제자들은 그 뒤를 따라갔습니다. 갑자기 프란체스코는 자기 뒤에 레오나르도라는 형제가 따라오고 있는 것을 알았습니다. 그런데 이 레오나르도는 귀족 출신으로서 버릇없이 자라서 그런지 늘 대접받기를 원했습니다. 사실 이 형제 때문에 수도원 분위기가 망쳐지고 불화가 일어났던 것입니다. 프란체스코는 이 레오나르도 형제가 앞서가는 자신의 뒤통수를 불쾌하게 째려보고 있는 것을 느꼈습니다.

곱지 않는 시선으로 자기를 바라보는 것을 의식하자 그는 순간적으로 말에서 『하나님, 이 형제를 어떻게 하면 좋습니까?』라는 기도를 시작했습니다. 그때 성령께서 그에게 어떤 메시지를 주셨습니다. 그러자 갑자기 프란체스코는 말에서 내려 레오나르도 형제 앞에 무릎을 꿇었습니다.
『형제여, 맞소. 나는 말 탈 자격이 없어요. 당신이 말을 타야 하오.』
사실 레오나르도가 바로 그 생각을 하고 있었던 것입니다. 그런데 성령께서 그 메시지를 주신 것입니다. 이 말을 듣자 레오나르도 형제는 엎드러지고 깨어지기 시작했습니다. 그리고 "맞습니다. 형제님, 제가 그런 생각을 하고 있었습니다. 용서해 주십시오"라며 통곡했습니다. 놀랍게도 그 순간 사랑이 회복되었을 뿐 아니라 이 공동체가 복음을 위해 영광을 나타내는 놀라운 공동체로 쓰임 받기 시작했습니다. 그 수도원으로 사람들이 몰려들었습니다. 그들의 복음 증거는 강력했습니다. 그들 가운데 영적인 진보가 이루어졌습니다.

우리가 하나될 때 그것은 하나님이 우리에게 주시는 놀라운 축복의 시작을 의미합니다. 하나되는 곳에 하나님의 축복이 있습니다. 그러면 과연 어떤 축복이 있을까요?
"곧 내가 저희 안에, 아버지께서 내 안에 계셔 저희로 온전함을 이루어 하나가 되게 하려 함은 아버지께서 나를 보내신 것과 또 나를 사랑하심같이 저희도 사랑하신 것을 세상으로 알게 하려 함이로소이다"(23절).
주님이 우리 안에 계셔 역사하실 때 온전함을 이룬다고 했습니다. 그리스도인이 하나된 곳에 온전함이 있습니다. "온전함"이라는 말은 "영적 성숙"으로 바꾸어도 무방합니다.

우리는 말씀 공부를 통해, 기도를 통해 영적으로 진보하고 성숙할 수 있습니다. 그러나 그런 것으로만 영적 진보가 이루어진다고 생각하지는 마십시오. 참 아름다운 교제가 있는 곳, 아주 순수한 그리스도인의 교제가 있는 곳에 들어가면 신앙이 저절로 진보합니다. 형제들의 아름다운 격려와 사랑의 나눔 속에서 우리는 영혼이 맑아지고 깨어지고 진보하는 것을 경험합니다. 그러므로 하나됨의 교제를 사모하기 바랍니다.

영적인 진보 외에도 한걸음 더 나가서 성경은 무엇이라고 약속합니까?
"온전함을 이루어 하나가 되게 하려 함은 아버지께서 나를 보내신 것과 또 나를 사랑하심같이 저희도 사랑하신 것을 세상으로 알게 하려 함이로소이다."
하나된 사람들을 통해 하나님의 사랑의 증거가 나타날 것입니다. 하나됨의 교제가 있는 곳에는 영적 진보뿐만 아니라 하나님의 사랑의 역사도 나타납니다. 우리의 공동체는 진실로 사랑의 공동체가 될 것입니다. 하나됨의 교제, 이것은 하나님이 우리에게 주시는 놀라운 축복의 시작입니다. 더 큰 은혜를 사모합니까? 더 큰 축복을 사모합니까? 그러면 우리들의 교제가 주 앞에 맑고 순수한 교제가 되기를 흠모하십시오.

그런데 오늘날 그리스도인들의 가장 큰 비극 가운데 하나는 교제가 없다는 것입니다. 주일 예배만 나오는 것 가지고 우리의 신앙은 바람직한 진보나 성숙을 이룰 수 없습니다. 초대 그리스도인들은 오늘날 교인들보다 숫자가 많지 않았음에도 불구하고 당시의 세계를 바꿀 수 있었습니다. 과연 그 힘은 어디서 나왔습니까? 바로 교제의 능력이었습니다. 날마다 모여 떡을 떼고 교제했습니다. 그들은 떡을 뗄 때마다 자신을 깨뜨렸습니다. 사랑을 배웠습니다. 이런 교제는 그 당시의 세계를 바꿀 능력을 가졌습니다.

더 큰 은혜를 사모한다면 성도의 교제 안에 들어가기 바랍니다. 예배에만 나오지 말고 청년회에도 속하고 대학부에도 나오고 여전도회에도 속하고 무엇보다 내가 살고 있는 동리의 사랑하는 형제 자매들과 만나는 구역에도 속하십시오. 이런 교제 안에서 하나님은 우리를 빚으십니다. 이것은 위대한 주의 은혜의 시작인 것을 믿기 바랍니다.

## 하나님의 선교를 담당하기 위함입니다

"아버지께서 내 안에, 내가 아버지 안에 있는 것같이 저희

도 다 하나가 되어 ··· 세상으로 아버지께서 나를 보내신
것을 「믿게 하옵소서」"(21절).
"내가 저희 안에, 아버지께서 내 안에 계셔 저희로 온전함
을 이루어 하나가 되게 하려 함은 아버지께서 나를 보내신
것과 또 나를 사랑하심같이 저희도 사랑하신 것을 세상으
로 「알게 하려 함이로소이다」"(23절).
21절에서는 "세상으로 믿게 하옵소서"를 강조했지만 23절
에서에는 "세상으로 알게 하옵소서"를 강조했습니다.

　세상으로 믿게 하려면, 세상으로 우리가 하나님의 백성들
인 것을 알게 하려면, 우리가 주님의 사랑 속에 살아가는
사람들인 것을 알게 하려면, 우리가 하나님의 기적과 생명
을 체험한 사람들인 것을 알게 하려면 우리는 하나가 되어
야 합니다. 하나님의 사랑을 증거하는 우리가 하나되지 못
하고 서로 시기와 질투와 시샘으로 가득 차 있다면, 우리
가 사랑의 하나님을 증거하고 전도할 때 이웃들과 세상은
우리에게 어떤 반응을 보일까요? 우리끼리도 제대로 지내
지 못하면서 세상을 향해 "하나님은 사랑이라"고 전도하면
세상은 과연 뭐라고 하겠습니까? "당신들이나 잘해 보시
오"라고 할 것입니다.

　실제로 일어났던 일이라며 어느 목사님에게서 들은 얘기
인데 너무나 충격적이라 이 얘기를 가끔 하게 됩니다. 전
철 안에서 두 청년이 막 싸우고 있었는데 이를 보다 못한
초로(初老)의 신사 한 사람이 "조용히 해. 여기가 교회인

줄 알아?"라고 호통을 쳤다는 것입니다. 교회의 이미지가 세상에 어떻게 비춰지는가를 단적으로 볼 수 있는 에피소드가 아닐 수 없습니다.

『천로역정』의 저자 존 번연은 분열로 몸살을 앓던 당대 영국교회 성도들의 모습을 이렇게 기록했습니다.

"이상하다. 이해할 수 없다. 마귀와 더불어 싸워야 할 성도들이 자기들끼리 싸우고 있다니."

우리는 적을 잘못 식별한 것입니다. 우리는 사단과 싸워야 합니다. 그리고 하나님의 전선(戰線) 앞에 용감히 나서야 합니다.


저는 성도들이 하나되지 못하는 것이 하나님의 소명을 망각했기 때문인 점도 있다고 생각합니다. 할 일 있는 사람은 싸우지 않습니다. 서양에 "바쁜 꿀벌은 슬퍼할 틈이 없다"는 속담이 있습니다. 바꿔 얘기하면 "바쁜 꿀벌은 싸울 틈이 없다"고 할 수도 있습니다.

교회 안에는 어린이 부서부터 시작해서 중등부, 고등부, 대학부, 청년회, 여전도회, 남전도회, 권사회, 노인부 등 여러 모임들이 있습니다. 그런데 이 가운데 만나면 제일 많이 싸우고 다투는 모임이 어디인 것 같습니까? 바로 유치부입니다. 노인들 모임도 그에 못지 않습니다. 그 이유가 무엇입니까? 할 일이 없어서입니다. 할 일 없으면 싸울 일밖에 없는 것입니다. 노인이 돼서도 할 일이 있어야 합니다. 소명이 있으면 절대로 싸우지 않습니다.

어떤 신약학자가 고린도 교회의 특징에 대해 다음과 같은 지적을 했는데 옳다는 생각이 들었습니다. 고린도 교회에는 신령한 영적 은사를 받은 사람들이 굉장히 많았습니다. 그래서 영적 은사에 관해 고린도전서 12-14장에서 다루고 있습니다. 하지만 이 교회는 분열이 아주 심하고 파당이 많은 교회였습니다. 은사는 많은데 일은 안했기 때문이었습니다. 그러면 싸울 일밖에는 없게 됩니다. 거룩한 하나님의 소명에 자신을 던져 보십시오. 소명에 불타 보십시오. 외국의 독재자들이 나라를 통치하는 방법 중 하나가 내부적인 어려움이 생기면 전쟁을 벌이는 것입니다. 그러면 내부가 규합됩니다. 할 일이 있으면 싸우지 않습니다.

이 땅에 할 일이 얼마나 많습니까? 희어져 추수하게 된 밭을 바라보십시오. 하나님 나라의 전선을 바라보십시오. 복음을 필요로 하는 세계의 밭들을 바라보십시오. 할 일이 얼마나 많습니까? 선교에 미쳐 보세요. 복음 증거에 미쳐 보세요. 이웃들을 사랑해 보세요. 외롭고 고독하고 연약한 사람들을 끌어안아 보세요. 그럴 때 우리는 하나됨을 경험합니다.

예수님의 특별한 사랑을 받았던 세 제자 베드로와 야고보, 요한은 주께서 십자가에서 돌아가시기 전날밤까지도 계속 싸웠습니다. 예수께서 부활하시고 나서도 싸웠습니다. 부활하신 예수께서는 시몬 베드로에게 갈릴리 바다에서 나타나 무엇이라고 말씀하셨습니까?

"요한의 아들 시몬아 네가 이 사람들보다 나를 더 사랑하느냐 … 내 어린 양을 먹이라"(요 21:15).
그리고 시몬 베드로의 최후가 하나님 앞에 영광이 될 것을 말씀하셨습니다. 그런데 이런 말씀을 들으면서도 베드로가 마지막에 던진 질문이 무엇이었습니까? 베드로 옆에 사도 요한이 있었는데, 자기가 영광스럽게 죽는다고 하니까 그러면 요한은 어떻게 되냐고 물었습니다. 끝까지 형제 사이의 질투를 극복하지 못했습니다.

그러나 사도행전에 가면 베드로와 요한이 달라집니다. 대개 사람들은 오순절날 성령 받았기 때문에 달라졌다고들 합니다. 물론 그것도 중요한 이유입니다. 그러나 저는 그 이상의 이유가 있다고 생각합니다. 그들은 성령 받고 나서 일하기 시작했습니다. 전도하기 시작했습니다. 사도행전에 강렬하게 표현된 말씀을 아십니까?
"제 구 시 기도 시간에 베드로와 요한이 성전에 올라갈새"(행 3:1).
그들은 함께 기도하고 함께 전도했습니다. 함께 고난 받고 함께 핍박받았습니다. 그러나 서로 사랑했습니다.

초대교회는 성도의 숫자가 많지 않았지만 핍박받는 교회였습니다. 세상은 그들을 핍박했습니다. 그런데 사도행전을 보면 놀랍게도 초대교회는 세상에서 핍박받았지만 동시에 칭송도 받았습니다. 세상은 그리스도인들을 핍박했고 주(主)의 제자들을 박해했습니다. 그러나 그러면서도 그들을 부정할 수 없는 한 가지가 있었습니다. 그들은 서로 사랑하고 있었습니다. 이 때문에 그들은 칭찬의 대상이었습니다.
"보라 저들은 얼마나 사랑하고 있는가!"
카타콤으로 쫓기고 핍박을 받으면서도 그들은 서로 사랑했습니다. 이 사랑이 세계를 바꿀 수 있었습니다.

베드로, 야고보, 요한! 갈라디아서 2장 9절에서 바울 사도는 이 세 사람을 가리켜 "(예루살렘 교회의) 기둥같이 여기는 야고보와 게바와 요한도 나와 바나바에게 교제의 악수를 하였으니"라고 했습니다. 그들은 예루살렘 교회를 위한 거대한 기둥으로 일어섰습니다. 그들이 사랑하기 시작했을 때, 그들이 하나되었을 때, 그들이 하나님의 거룩한 소명을 발견하고 전세계를 향해서 복음을 들고 나가기 시작했을 때 하나님은 이들을 통해 세상을 바꾸셨습니다. 세상은 뒤집어졌습니다. 세상은 복음의 충격을 받기 시작했습니다.

우리가 하나될 때 하나님은 우리를 쓰실 것입니다. 우리가 사랑할 때 우리를 통해 복음의 증거가 나타날 것입니다. 세상은 뒤집어질 것입니다. 그렇게 하시는 하나님을 기대하기 바랍니다. 또한 우리 안에서 하나됨의 거룩한 교제가 있기를 흠모하십시오. 그리고 우리에게 주신 하나님의 놀라운 소명을 붙잡기 바랍니다.

우리는 고독한 세상에 살고 있습니다. 친구들을 만나도 이웃을 만나도 마음속에 감격이 없습니다. 사랑이 없기 때문입니다. 형제 자매를 만날 때마다 사랑할 대상을 만나는 감격 속에 고통과 기쁨을 같이 나누는 사랑의 공동체! 하나님은 그 공동체를 통해 세상을 바꾸어 가십니다.

## 창조적 기도 생활을 위한 토의와 훈련

1. 예수께서 제자들의 하나됨을 기대하신 이유는 무엇입니까?

2. 성도의 연합의 참되고 완전한 모본은 무엇이며, 또 왜 그런지 이유를 제시하십시오.

3. 성도의 연합이 어떤 면에서 선교에 기여하는지 말해 보십시오.

4. 내가 속해 있는 공동체에서 마귀의 '나누는 일'의 징후가 무엇인지 분별하고 그것을 위해 집중적으로 기도합시다.

망망한 바다 한가운데서 배 한척이
침몰하게 되었습니다.
모두들 구명 보우트에 옮겨 탔지만
한 사람이 보이지 않았습니다.
절박한 표정으로 안절부절하던 성난 무리 앞에
급히 달려 나온 그 선원이
꼭 쥐고 있던 손바닥을 펴 보이며 말했습니다.
"모두들 나침반을 잊고 나왔기에···"
분명, 나침반이 없었다면 끝없이 바다 위를
표류할 수 밖에 없을 것입니다.

생(生)의 바다를 항해하는 모든 이들을 위하여
우리는 그 나침반의 역할을 하고 싶습니다.
우리를 구원하신 아름다운 주님을
21세기 문명의 이기(利器)를 통하여
널리 전하고 싶습니다.

우리 나침반 가족은
구원의 복음과 진리의 말씀을 전하며
당신의 믿음 성장과 삶을, 가정을, 증거를,
그리고 당신의 세계를 돕고 싶습니다.

그리스도 안에서
우리는 당신을 진실로 사랑합니다.

"하나님은 모든 사람이 구원을 받으며
진리를 아는 데 이르기를 원하시느니라."
(디모데전서 2장 4절)

책번호 /바 1171

# 하나님을 감동시킨 사람들의 기도

발행소 ● 나 침 반   출 판 사
NACHIMVAN PUBLISHING Co.
(등록 1980년 3월 18일 / 제 2-32호)

편집 겸 발행인 ● 김   용   호
ⓒ2001 YONG-HO KIM

| 초판발행시 선교사역의 동참자들 |
| --- |
| 강정림·김응국·남희경·양진선·이계복<br>이기쁨·이문숙·이부국·송정규·송종환<br>최현규　　　　　　(가,나,다…순) |

## 연락처

• 우편/ 110-616 서울 광화문 사서함 1641호
　K.P.O. BOX 1641, SEOUL KOREA 110-616
• 인터넷　www.nabook.net
• 이메일　navan@chollian.net
• 우체국대체구좌 / 010041-31-1201888
• 은행지로번호 / 각은행 99번 창구 3000366번
• 전화(TEL) / 본사사무용(02)2279-6321~3
　　　　　서점주문용(02)2606-6012~4
• 팩스(FAX) / 본사사무용(02)2275-6003
　　　　　서점주문용(02)2606-6016

## 지은이 / 이 동 원

제 1 판 발행 / 1998년　2월 1일
제 18 판 발행 / 2001년　11월

나침반 신간안내 / 전화사교함 (02)152 - 응답후 6322

나침반종합정보 / www.nabook.net

값은 뒷표지에 있습니다. • PRINTED IN KOREA

ISBN 89-318-1141-1